OEVVRES

DE Mr

QVINAVLT.

I. PARTIE.

A PARIS,

Chez GVILLAVME DE LVYNE, Libraire
Iuré, au Palais, dans la Salle des
Merciers, à la Iustice.

M. DC. LIX.

AVEC PRIVILEGE DV ROY.

Premiere Partie.

Riualles.

Coups d'Amour & de la Fortune.

Indiscret, ou le Maistre Estourdy.

Genereuse ingratitude.

LES
RIVALLES,
COMEDIE.

Imprimée A ROVEN, *Et se vend*
A PARIS,
Chez GVILLAVME DE LVYNE, Libraire-Iuré,
dans la Salle des Merciers, à la Iustice.

———

M. DC. LXI.
AVEC PRIVILEGE DV ROY.

Extrait du Priuilege du Roy.

PAr grace & priuilege du Roy, donné à Paris le 16. Iuillet 1655. figné, GVITONNEAV, Il eft permis à GVILLAVME DE LVYNE, Marchand Libraire de noftre bonne ville de Paris, d'imprimer, vendre & debiter vne piece de Theatre intitulée, *Les Riualles*, de la compofition du fieur Quinault, & deffences font faites à toutes perfonnes de quelque qualité ou condition qu'elles foient, d'imprimer, ou faire imprimer, vendre ny diftribuer ladite impreffion, que de celle dudit expofant, à peine de deux mille liures d'amende, & confifcation des exemplaires, & de tous dépens, dommages & interefts, comme il eft plus amplement porté par ledit Priuilege.

Regiftré fur le Liure de la Communauté le 20. Iuillet 1655. fuiuant l'Arreft du Parlement du 9. Auril 1653.

Acheué d'imprimer le 24. Septembre 1661. à Roüen, par LAVRENS MAVRRY.

PERSONNAGES.

PHILIPIN,   Valet d'Alonce.

ISABELLE,   Maiſtreſſe d'Alonce.

ELISE,   Suiuante d'Iſabelle.

D. ALONCE,   Amãt d'Iſabelle & de Philidie.

PHILIDIE,   Riuale d'Iſabelle.

D. LOPE,   Pere de Philidie.

FEDERIC,   Hoſte de Caſtelblanc.

L'HOSTESSE.

D. FERNAND,   Frere d'Iſabelle.

La Scene eſt à Lisbonne.

LES

LES RIVALLES,

COMEDIE.

ACTE I.

SCENE PREMIERE.

PHILIPIN *s'éueillant sur vn tas*
de pierres.

V suis-je? quel Démon en ce lieu m'a
porté ?
Ie suis transy de froid, & de plus tout
croté,
Ha, j'ay les reins brisez ! quel maudit tas de pierre!
Mais où pensé-je aller ? on ne void Ciel, ny terre,
A deux doigts de mon nez mes yeux ne sçauroient
voir,
Et ie croy qu'en vn four il ne fait pas si noir.

A

I'en soupçonne la cause, & j'ay bonne memoire
Qu'au logis d'Isabelle, Elise m'a fait boire.
Cette aimable Suiuante est digne, sur-ma foy,
D'auoir pour seruiteur, vn homme tel que moy,
Pour faire ainsi dépéce, il faut bien qu'elle m'aime,
Elle enuoyoit au vin auec vn soin extréme,
Elle n'en est pas quitte au moins pour vn escu,
I'ay mis par quatre fois la pinte sur le cu,
Et sans-doute qu'apres cette débauche insigne,
Troublé de la vapeur du doux jus de la vigne,
Le bon Pere Bachus en ce lieu m'a conduit,
Et m'a fait sommeiller ainsi jusqu'à la nuit.
Il n'en faut point douter, vn mal de teste horrible,
Est de ces veritez la preuue trop sensible;
I'ay le palais bien sec, le gosier enflamé,
Et me voila du moins pour deux iours enrumé.
Ce n'est pas tout : mon maistre est vn dangereux
        homme,
Il s'en faudra bien peu tantost qu'il ne m'assomme,
Ie vay sentir pleuuoir vne gresle de coups.
Auecque Philidie il a pris rendez-vous,
Ie l'y deuois attendre, & demain, que ie pense,
Du bon temps d'aujourd'huy ie feray penitence,
Et possible qu'apres m'auoir bien outragé,
Il pourra sans argent me donner mon congé.
Au Diable soit l'amour ; mais ou j'ay la berluë,
Ou dans l'obscurité ie remets cette ruë,
Philidie y demeure, & voilà sa maison,
I'y voy de la lumiere, ou ie suis sans raison :
Possible que la belle attend encor mon Maistre,
Ie voudrois bien sçauoir quelle heure il pourroit
        estre :
Mais ie me trompe fort, ou quelqu'vn vient icy,
Qui rendra sur ce poinct mon esprit éclaircy.

SCENE II.

ISABELLE, ELISE, PHILIPIN.

ISABELLE voilée.

ELise, tu m'aprens vne eftrange nouuelle,
Alonce m'abandonne, Alonce eft infidelle,
Et quand pour moy l'ingrat doit eftre plus atteint,
Sa chaine vient à rompre, & fa flame s'éteint.
Pourroit-il bien commettre vne action fi noire,
Apres tant de ferments? non, ie ne le puis croire.

ELISE.

Croyez-moy, Philipin tantoft m'a tout conté:
Son depart pour la Flandre eft vn poinct arrefté,
De plus il galantife vne beauté nouuelle,
Et doit enfin paffer cette nuit auec elle.

ISABELLE.

De fa bonne fortune il m'aura pour témoin,
Mais du logis marqué fommes-nous encor loin?
Voy bien, ie ne fuis pas du perfide attenduë.

PHILIPIN.

Il n'eft pas tard, ie voy des femmes dans la ruë,
Il nous faut éclaircir : Madame, s'il vous plaift,
Ie pourray bien de vous fçauoir quelle heure il eft.

ELISE.

Philipin, eft-ce toy?

PHILIPIN.

C'eft Elife, ou ie meure,
Ha! puifque ie te tiens, ie me moque de l'heure,
Fay-moy voir feulement, fi tu veux m'obliger,
Que ie t'ay rencontrée à l'heure du Berger.

A ij

ELISE.

Ma Maiſtreſſe me ſuit.

PHILIPIN.

Mon Eliſe, mon Ame.

ELISE.

Tout-beau.

ISABELLE.

Qui parle à vous?

ELISE.

C'eſt Philipin, Madame.

ISABELLE.

Hé bien, mon cher amy, ton Maiſtre eſt-il venu?

PHILIPIN.

Mon Maiſtre !

ISABELLE.

Le ſecret ne m'eſt pas inconnu,
Il doit eſtre en chemin dans l'ardeur qui le preſſe;
Viens-tu de ſa venuë aduertir ſa Maiſtreſſe ?

PHILIPIN.

Ie n'en connois que vous.

ISABELLE.

Va, j'en ſçay tout la fin.

PHILIPIN.

Comment, elle ſçait tout, elle a veu le Deuin,
Madame, tout le monde aime fort à médire.

ISABELLE.

Tu ſçais qu'on m'a dit vray; mais c'eſt que tu veux
rire.
Tu ſçais tout le complot.

PHILIPIN.

Non, foy d'homme de bien,
Ie veux eſtre pendu, ſi....

ELISE.

Ne jure de rien,

Tantoſt mangeant chez nous le fromage, & la
  poire,
Ne m'as-tu point au long apris toute l'hiſtoire?
Na m'as-tu pas conté qu'Alonce, cette nuit,
Seroit chez Philidie en ſecret introduit,
Et qu'en luy promettant de la prendre pour fem-
  me,
La Belle deuoit tout accorder à ſa flame?
N'as-tu point dit encor, qu'Alonce eſt ſur le point
D'aller voir le païs, quoy qu'il n'en parle point.
Que ſon pere l'oblige à voir toute l'Eſpagne,
Et d'aller faire en ſuitte en Flandre vne Campagne,
Qu'il doit quitter ces lieux dans trois iours au plus
  tard,
Et qu'enfin tout eſt preſt deſia pour ſon depart?

PHILIPIN.

Moy, ie t'ay dit cela?

ELISE.

Pourquoy tout ce myſtere,
L'ay-je pû deuiner?

PHILIPIN.

Ha, ie me deſeſpere!
O mal-heureux poiſon! ô vin trois fois maudit,
Qui ſur ma pauure langue a pris tant de credit!

ELISE.

Qu'as-tu donc, Philipin?

PHILIPIN.

Laiſſe-moy, fine mouche,
Qui pour voir dans mon cœur as fait ouurir ma
  bouche,
Auec ta bonne chere enfin tu m'as perdu,
Et jamais vn repas ne fut ſi cher vendu.
Quel mal-heur! quelle honte! ha! de grand cœur
  j'enrage.

A iij

ISABELLE.

Il ne faut point, Amy, t'affliger dauantagé,
Si ton Maiftre fe fâche, & que tu fois chaffé,
Bien-toft par ma faueur tu feras mieux placé:
Tandis, pour t'affurer de ce que ie propofe,
Tien, prens ce diamant, attendant autre chofe;
Ie n'ay pas pris ma bourfe.

PHILIPIN.

Ha! Madame, il fuffit,
Mon crime eft trop payé s'il vous tourne à profit;
Encor qu'auec danger ie vous fers auec joye,
Et ie ferois pour vous de la fauffe-monnoye.
Mon Maiftre a fort grand tort, & ie fuis enragé,
Qu'auecque Philidie il fe foit engagé,
Ce qu'elle a de beauté n'eft ma foy rien qui vaille,
Et vous valez efcu mieux qu'elle ne vaut maille.

ISABELLE.

Ton Maiftre cependant en eft beaucoup épris?

PHILIPIN.

Point: il m'en a parlé fouuent auec mépris,
Mon Maiftre eft de ces gens, dót le fiecle eft fertile,
Qui parleroient d'amour en vn iour à cent mille;
Aufli ie ne croy pas qu'il vienne au rendé-vous,
Ie fçay qu'il feint pour elle, & qu'il n'aime que
vous.

ISABELLE.

Il la peut époufer fans que i'en fois jaloufe.

PHILIPIN.

Allez, ne craignez pas que mon Maiftre l'époufe.

ISABELLE.

Il le promet pourtant.

PHILIPIN.

Ha! voila bien dequoy,
Vn Amant qui promet ne donne pas fa foy.

ISABELLE.

Mais il ne m'aime plus ?

PHILIPIN.

Madame, il vous adore,
Hier mesme en soûpirant il le disoit encore,
Toutes les fois qu'il passe vn seul iour sans vous
voir,
Il fait des actions d'vn homme au desespoir.
Il se plaint fort souuent de la rigueur fatale
Qui rend à vos grands biens sa richesse inégale,
Et fait que vostre Pere a pû luy refuser
L'honneur de vous seruir, & de vous espouser.

ISABELLE.

Cette fille l'engage, & c'est ce qui me choque.

PHILIPIN.

De ces engagements aujourd'huy l'on se moque,
Et pour vous dire tout, c'est que sans l'aduertir,
Dás deux iours pour la Flandre Alonce doit partir.

ISABELLE.

L'on vient, est-ce ton Maistre ?

PHILIPIN.

Ouy, c'est luy, ce me semble.

ELISE.

Il sera bien surpris !

PHILIPIN.

Desia pour luy ie tremble,
Ie m'en vay l'aduertir que vous estes icy.

ISABELLE.

Il n'en est pas besoin, i'en prendray le soucy.

SCENE III.

ALONCE, ISABELLE, ELISE,
PHILIPIN.

ALONCE.

IE ne vay qu'à taftons, le flambeau qui préfide
Sur les feux de la nuit, ne me fert point de guide,
Et pour mes vœux fecrets n'ofant fe declarer,
N'éclaire point du tout, pour ne pas m'éclairer.
Amour, conduis mes pas dans vne nuit fi noire,
Les douceurs que ie cherche, augmenteront ta
    gloire,
I'approche de l'endroit où vont tous mes defirs.
Mais quel fâcheux remors vient troubler mes plai-
    firs ?
Ifabelle a ma foy, ie l'adore, elle m'aime,
Ie vay trahir ma flame, & fon amour extrême,
Le crime fuit mes pas, fuyons d'icy ; mais quoy,
I'ay promis, on m'attend, que dira-t'on de moy?
I'oy du bruit, auançons, ie croy voir vne femme.
Eft-ce vous, Philidie ?

ISABELLE *déguifant fa voix.*
        Ouy.
    ALONCE.
            Charme de mon ame.
    ISABELLE *bas.*
Feignons bien.
    ALONCE.
    Vos bontez égalent vos appas.
Puis-je entrer ?

ISABELLE.

Tout à l'heure.

ALONCE.

Enfin...

ISABELLE.

Parlez plus bas

PHILIPIN.

Elise, comment donc ils se font des caresses?
Mon Maistre asseurément prend son nez pour ses
  fesses,
Il faut le détromper.

ELISE.

Comment? garde t'en bien!

PHILIPIN.

Monsieur?

ELISE.

Ie diray tout!

ALONCE.

Qu'est-ce? que veux-tu?

PHLLIPIN.

Rien,
Pour vous faire parler j'ay crié de la forte,
Afin de vous connoistre.

ALONCE.

Attens à cette porte,
Et si tu vois quelqu'vn par hazatd en sortir,
Accours sans faire bruit pour nous en aduertir.

ELISE.

Ie t'aime!

PHILIPIN.

Auec moy donc vien faire sentinelle.

ELISE.

Veux-tu qu'en s'en allant ma Maistresse m'ap-
  pelle?

ISABELLE.

Ie croy que vous m'aymez?

ALONCE.

Il n'eſt point ſous les cieux
D'objet qui loin de vous ne me ſoit ennuyeux,
Deux beaux yeux plein d'éclat n'ont iamais dans
    vne Ame
Produit tant de reſpect auecque tant de flame,
Et tout ce que l'Amour a fait de languiſſans
N'a iamais eu les feux que pour vous ie reſſens.

ISABELLE.

Ie croyrois tout cela ſans l'amour d'Iſabelle.

ALONCE.

Vos beautez dans mon cœur l'ont emporté ſur elle,
Et dés le premier iour que ie vins à vous voir,
Vous auez en mon ame vſurpé ſon pouuoir.
Ie croy qu'en vous voyant, Iſabelle elle-meſme
Ne me haïroit pas de ce que ie vous ayme,
Elle vous doit ceder : vos charmes que ie ſers,
Peuuent dans vn inſtant rompre, & donner des
    fers,
Et toute la beauté dont cét objet ſe vante,
Pour garder vn captif n'eſt pas aſſez puiſſante.
L'éclat dont vous brillez me fait voir clairement
Qu'on ne la peut aimer qu'auec aueuglement,
Et quand ie penſe à vous, ſi ie la conſidere,
Ie ne remarque point d'attraits qui doiuent plaire.

ISABELLE ſe découurant.

Ie ſuis fort obligée à ce diſcours flatteur,
Iſabelle eſt donc laide, infidelle, impoſteur.
Quoy donc, Ame inconſtante autant que deſloyale,
Tu fais à mes dépens ta Cour à ma Riuale !

ALONCE.

Mon aimable Iſabelle....

ISABELLE.

Ah ! ne me parle plus,
De tes déloyautez tu dois eſtre confus,
Ingrat, qu'on peut nommer le plus grand des par-
jures,
Ceſſe de m'abuſer, achene tes injures.
Ta bouche aſſez long-temps m'a trop bien figuré
Vn tourment que ton cœur a touſiours ignoré,
Elle m'auoit deſia ſi bien perſuadée
De l'excez d'vne amour qui n'eſtoit qu'en idée,
Que ie n'aurois iamais pû croire ton mépris,
Si ta bouche aujourd'huy ne me l'auoit apris,
Et pour mon deſeſpoir ne m'auoit fait paroiſtre
Qu'enfin ie ſuis trompée, & que tu n'es qu'vn trai-
ſtre.
Tu m'abandonnes, lâche, & ton cœur inconſtant,
En des feux criminels s'engage en me quittant!

PHILIPIN.

Peſte, comme elle crie, elle en eſt aux reproches,
Et mon Maiſtre eſt penault comme vn fondeur de
cloches.

ALONCE.

Ma faute, & mon mal-heur ſont ſans compa-
raiſon,
Toute excuſe me manque, & vous auez raiſon.

ISABELLE.

Perfide, ie t'aimois, & mon ame charmée
S'eſtimoit trop heureuſe en ſe croyant aimée,
Et n'euſt point preferé dans ſa fidelle ardeur
L'Empire de la Terre à celuy de ton cœur,
Iuge, juge à quel point ton changement me bleſſe,
Tu connois mon amour, ou pluſtoſt ma foibleſſe,
Ie viuois pour toy ſeul, & tu n'ignores pas
Que cette trahiſon va cauſer mon trépas:

Ingrat, eſt-ce le prix de mon amour ſincere?
I'ay receu tes ſermens ſans l'aueu de mon Pere,
Ie me ſuis engagée, & s'il auoit falu
Qu'il euſt contre mon choix, mon hymen reſolu,
Ie me ſerois pour toy malgré luy conſeruée,
I'aurois bien conſenty de me voir enleuée,
Et n'aurois pas tremblé de cent perils diuers,
En ſuiuant ta fortune au bout de l'vniuers.
Ie te l'auois promis, & ſans doute vn barbare
Auroit eſté touché d'vne bonté ſi rare,
Cependant quand deſia ie te croy mon eſpoux,
Tu promets mariage, & prens des rendez-vous!
D'vn objet tout nouueau ton Ame eſt enflamée,
Ton feu qui brilloit tant, n'eſt plus rien que fumée,
Et comme vn faux ardent dont l'éclat eſbloüit,
Me meine au precipice, & puis s'éuanoüit.
Ha! c'en eſt trop, ingrat, ie romps auſſi ma chaine,
Et mon amour jadis fut moindre que ma haine.
Mais c'eſt trop t'arreſter, va mieux paſſer la nuit,
Acheue ton deſſein.

SCENE

SCENE IV.

PHILIDIE, ALONCE, ISABELLE, ELISE, PHILIPIN.

PHILIDIE.

SOrtons, j'entends du bruit.

ISABELLE.

Entre, qui te retient, monftre de perfidie!

PHILIPIN.

On fort de la maifon, Monfieur, c'eft Philidie.

ISABELLE.

Laiffe moy.

ALONCE.

Ie vous fuis

ISABELLE.

On t'attend là dedans.

ALONCE.

Ie ne vous quitte point de crainte d'accidents.

ISABELLE.

Lors que plein d'inconftance à mes yeux tu te
montres,
Pourrois-ie redouter de plus triftes rencontres?

ALONCE.

Ie vous conduy chez vous.

ISABELLE.

Non, tu te ferois tort,
Entre, ie fais des vœux pour rencontrer la mort.

PHILIPIN.

Prenez garde, elle auance.

B

ALONCE.

O rigueurs effroyables!

PHILIPIN.

Deux femmes en fureur valent pis que deux Dia-
bles.

Monfieur, gagnons au-pied, ie ne voy rien pour
nous,

Si ce n'eft des gros mots, & poffible des coups.

ALONCE.

O rendez-vous fatal ! ô fortune cruelle !

Qui m'ofte Philidie & m'arrache Ifabelle,

Pour m'excufer icy tout effort feroit vain,

Quittons ce lieu funefte , & partons dés demain.

Il fe retire.

SCENE V.

PHILIDIE, ISABELLE, ELISE,

PHILIDIE.

CE font quelques paffans.

ISABELLE.

Il eft entré, le lafche.

Ma Riuale auec luy rit de ce qui me fâche,

L'ingrat vole à mes yeux où tendent fes defirs,

Et mon dépit mortel augmente fes plaifirs.

Ha ! ie veux l'imiter : defia ie le detefte

Beaucoup plus que la mort , cent fois plus que la
pefte ;   (odieux :

Plus qu'vn Tygre effroyable , & qu'vn Monftre

Mais quoy dans ce deffein j'ay les larmes aux yeux?

Et lors que ie m'efforce à l'oster de mon ame,
Ie fay sortir mes pleurs , & ie retiens ma flame.
Ouy, perfide, en mon cœur tu t'es rendu si fort,
Que tu n'y sçaurois plus perir que par ma mort.
Comme ta trahison mon amour est extrême,
Tu cesse d'estre aimable , & toutesfois ie t'aime:
Mais puisque de ce mal rien ne me peut guerir,
Pour estouffer ma flame, ingrat , ie vay mourir.
Mourir , & cependant vne autre auec audace,
Triomphant de mon bien , rira de ma disgrace?
Non, non , il faut mesler , ses Roses de Ciprés,
Perdons nostre Riuale , & perissons aprés,
Faisons si bien qu'Alonce ait part à nos allarmes,
Et qu'aprés nostre mort il verse encor des larmes.

Elle se retire.

SCENE VI.
PHILIDIE.

CEs passans dans la nuit ont vn long entretien,
Escoutons de plus pres , mais ie n'entens plus
rien.
Alonce que j'attens , souffre que ie te blâme,
La fin de mes refus a fait cesser ta flame.
Ta froideur se fait voir dans ton retardement,
Le nom de paresseux détruit le nom d'Amant.
Vn Amant attendu merite qu'on l'accuse ,
Il a tousiours failly, quand il faut qu'il s'excuse,
Et quelque obstacle enfin qui le puisse arrester,
Auec vn peu d'amour il doit tout surmonter,
Malgré l'orgueil d'vn sexe à qui le tien deffere,
I'aurois bien plustost fait le pas que tu dois faire,

SCENE VII.

D. LOPE. PHILIDIE.

D. LOPE.

OVy, ma fille eft dehors ; c'eft-elle que ie voy.

PHILIDIE.

Enfin j'entens du bruit, & quelqu'vn vient à moy,
Eft-ce toy, cher Amant, tu m'as bien fait attendre ?

D. LOPE.

O Dieux, quelle infortune ! ha, que viens-ie d'en-
tendre !
Ma fille abandonnée attend vn fuborneur,
Quel affront ay-ie à craindre apres ce deshonneur ?

PHILIDIE.

Cher Alonce, eft-ce toy ? parle auec affurance,
A ta pareffe au moins ne joins pas le filence,
Dans vn profond fommeil mon Pere enfeuely
A mis fa défiance, & fes foins en oubly,
Et tous nos furveillás furpris des mefmes charmes,
Ne font plus en eftat de nous donner d'allarmes.
Quoy, tu crains mon abord ? ô Dieux, quel change-
ment !
Alonce, fi c'eft toy, parle, mon cher Amant.

D. LOPE.

Que te diray-je, horreur des plus abandonnées !
Qui me couures de honte en mes vieilles années:
Méchante, quel difcours pourrois-ie conceuoir
Qui marquaft tout ton crime, & tout mõ defefpoir ?

PHILIDIE.

C'eft mon Pere, ô fortune iniufte, & rigoureufe !
O miferable Amante ! ô fille mal-heureufe !

D. LOPE.

Rentre, rentre, méchant, & me commets ce soir
Le soin d'attendre Alonce, & de le receuoir.

PHILIDIE.

N'entrons point au logis, éuitons sa colere.

D. LOPE.

O Ciel, qui de ce monstre a sceu me rendre Pere !
Que ne confondois-tu malgré mon mauuais sort,
Le iour de sa naissance, & le iour de sa mort !
Et toy qui m'as forcé d'aller chercher ma honte,
Conseiller mal-heureux, dont j'ay trop fait de
	conte,
Soupçon trop veritable, & trop pernicieux,
Pourquoy m'as tu pressé de venir en ces lieux?
Sans toy, dans le repos ie me verrois encore,
Ce n'est pas vn grand mal que celuy qu'on ignore,
Par vn succez funeste aux soupçons attaché,
I'ay treuué trop enfin, pour auoir trop cherché.

Fin du premier Acte.

ACTE II.

SCENE PREMIERE.

L'HOSTESSE, FEDERIC.

L'HOSTESSE.

Ais est-il vn mary qui soit d'humeur
si sombre ?

FEDERIC.

Mais les cocus sans moy sont en assez
grand nombre.

L'HOSTESSE.

Qui t'a fait prendre ainsi des sentiments jaloux?

FEDERIC.

Qui t'a si bien apris à faire les yeux doux?

L'HOSTESSE.

Faut-il aux suruenans montrer des yeux si rudes?

FEDERIC.

Faut-il donner matiere à mes inquietudes?

L'HOSTESSE.

Mais on n'oseroit donc ny rire ny parler?

FEDERIC.

Mais j'enrage tout vif quand ie t'oy cajoler.

L'HOSTESSE.

Ha ! j'aime autant mourir que de viure en esclaue.

FEDERIC.

Ha! j'ayme mieux cesser d'auoir du vin en caue.

L'HOSTESSE.

Tu prens au criminel des regars innocens,
Ie n'oserois donc plus racueillir les passans.

FEDERIC.

Ce sont à mon auis des excuses friuoles,
Allant au deuant d'eux, on diroit que tu voles,
Tu prens vn air plus gay qu'vn jeune Emerillon,
Ou qu'vn petit Lapin qui reuient du boüillon,
Tu mignardes ta voix.

L'HOSTESSE.

　　　　　　　Et croy-tu qu'vne Hostesse
Qui porte sur le front vne morne tristesse,
Attire les passans d'vn sourcy refrogné!

FEDERIC.

Le stile que tu prens, en est bien esloigné.

L'HOSTESSE.

Va, puisque ton humeur est si desagreable,
Cherche vne autre que moy qui serue sur la table,
Qui pour tout ordonner se leue si matin,
Et prenne garde à tout quand tu tires du vin,
Ie vay me renfermer, de peur que ie ne sorte,
Comme vn bon gardien prens la clef de la porte.

FEDERIC.

Elle s'en va pleurer tout le reste du iour,
Va, ne te fâche point, excuse mon amour.

L'HOSTESSE.

Ie ne puis excuser vne amour qui m'outrage.

FEDERIC.

Si ie ne t'aymois point, ie n'aurois point d'om-
Il ne m'auiendra plus de t'en parler iamais. (brage,

L'HOSTESSE.

Tu me le promets donc?

FEDERIC.

Ouy, ie te le promets.

L'HOSTESSE.

Et moy ie te promets que le plus beau visage,
Le corps le plus adroit, & l'esprit le plus sage,
Fust-il auec cela riche comme vn Banquier,
S'il me parloit d'amour, n'auroit point de quartier.
Croy que j'ay tant d'honneur, que i'ay tant de con-
stance,
Que tu peux en tout temps dormir en assurance.

FEDERIC.

Hors ce petit martel, depuis quatre ou cinq ans,
Nous viuons sans debat ainsi que deux enfans,
Ce mal qui me déplaist, m'est comme hereditaire,
Il tenoit au cerueau de feu Monsieur mon Pere.

L'HOSTESSE.

De grace, efforce-toy de le chasser du tien,
Ne sois plus si jaloux, & ie t'aimeray bien,

Elle le flatte.

FEDERIC.

Que sa main est douillette! ha, ma joye est extrême!
Mais i'ay peur qu'à quelqu'autre elle en face de
mesme.

L'HOSTESSE.

Ne t'amuse donc plus de venir m'éclairer.

FEDERIC.

D'vne si bonne femme il se faut asseurer,
Mais voyons si nostre Hoste en la chambre repose,
Il pourroit bien auoir besoin de quelque chose.

L'HOSTESSE.

Le voicy.

SCENE II.

PHILIDIE, FEDERIC, L'HOSTESSE.

PHILIDIE *déguifée en homme.*

MEs foupçons font affez euidents.

FEDERIC.

Cét homme me déplaift, il parle entre fes dents.

PHILIDIE.

Puifqu'Alonce eft party, c'eft qu'il eft infidelle,
Et qu'en m'abandonnant il emmeine Ifabelle,
Mais ie le trenueray s'il eft deffous les Cieux,
Et ie feray perir ma Riuale à fes yeux,
Tenez mon cheual preft.

FEDERIC.

Quoy, Monfieur, tout à l'heure?

PHILIDIE.

Il ne fe peut qu'icy plus long-temps ie demeure.

L'HOSTESSE.

Mais le iour eft defia bien proche de fa fin.

PHILIDIE.

Preffé comme ie fuis, ie doy gagner chemin.

L'HOSTESSE.

Des voleurs cependant redoutez la furprife.
Vn Marchand fur le foir fut mis hier en chemife :
Vn homme feul fi tard ne s'en pourra fauuer.

PHILIDIE.

N'importe, il faut partir, quoy qu'il doiue arriuer.

FEDERIC.

Tu retardes, Monſieur.

L'HOSTESSE.

Partez, il ne m'importe,
Mais on ſert bien icy les gens de voſtre ſorte.
Le vin eſt excellent, nos licts ſont des meilleurs :
Vous vous repentirez ſi vous allez ailleurs,
Et treuuerez peut-eſtre au lieu d'Hoſtellerie,
Ou quelque coupe-gorge, ou quelque écorcherie.

PHILIDIE à Federic.

Enfin, quoy qu'il en ſoit, ie vous rendray content,
Amenez mon cheual.

FEDERIC.

Monſieur, tout à l'inſtant.

SCENE III.

L'HOSTESSE, PHILIDIE.

L'HOSTESSE.

PVisque voſtre depart eſt ſi fort neceſſaire,
Ie ne diray plus rien, Monſieur, qui le differe.
Mais ie ſuis curieuſe, & voudrois bien ſçauoir
D'où vient la ſombre humeur que vous nous faites
Vous auez tant de grace auec voſtre triſteſſe, (voir.
Qu'en voſtre mauuais ſort deſia ie m'intereſſe,
Et treuue que chacun doit prendre part aux maux
D'vn homme comme vous qui n'a guere d'égaux.
Dás voſtre ame ſans doute vn noir chagrin preſide,
Vous regardez par fois le Ciel d'vn œil humide,
Et ne pouuez qu'à peine en ce grand déplaiſir,
Prononcer quatre mots, ſans lâcher vn ſoûpir.

Vous réuez à tonte heure, & ie suis bien trompée,
Ou quelque passion a vostre ame occupée.
Seroit-ce point l'amour qui vous rēd mal-heureux?
C'est ainsi qu'on languit, quand on est amoureux:
Sur tout quand on s'adresse à quelque ame crüelle,
Qui ne peut conceuoir vne ardeur mutuelle.

P H I L I D I E.

Helas ! c'est là mon mal, vous l'auez deuiné.
Sous de rigoureux fers mon cœur est enchainé,
Et l'on ne peut souffrir sous l'amoureux empire,
Des maux pareils à ceux qui font que ie soûpire.

L'H O S T E S S E.

Depuis quel temps l'amour fait-il vostre tourment?

P H I L I D I E.

Mon desespoir commence en ce iour seulement.
Ouy, ce n'est qu'en ce iour que j'ay pû reconnoistre
Les rigueurs de l'Amour dans les maux qu'il fait
    naistre,
Et le mortel ennuy dont on est allarmé,
Quand on aime , & qu'on sçait qu'on ne peut estre
    aimé.
En vain j'ay dans le cœur vn excez de tendresse.

L'H O S T E S S E à part.

Seroit-ce bien à moy que ce discours s'adresse ?

P H I L I D I E.

Le cœur que ie demande, a quelque autre lien,
Vn objet plus heureux m'enleue tout mon bien,
Et rendant en ce iour mon esperance esteinte,
Produit le desespoir dont mon ame est atteinte,
Et fait que de ces lieux diligemment ie fuis,
Sans mesme oser parler de la peine où ie suis.

L'H O S T E S S E à part.

C'est à moy qu'il en veut, tout de bon ie le pense.
De cet objet aimé regretez-vous l'absence ?

Voyons ce qu'il dira.

PHILIDIE *bas.*

Ce n'eſt pas mon ſoucy,
Ce que j'ayme n'eſt pas encore loin d'icy.
Que ſa veuë aujourd'huy couſte cher à mon Ame!

L'HOSTESSE *à part.*

Que ſon adreſſe eſt grande à découurir ſa flame!

PHILIDIE *bas.*

Vous ne conceuez rien à mon tourment égal,
La Fortune & l'Amour ſe plaiſent dans mon mal,
A l'envy l'vn de l'autre ils cauſent mes allarmes.

L'HOSTESSE *à part.*

Ma foy j'en ay pitié, Dieux! il répand des larmes.

PHILIDIE.

Engagement fatal!

L'HOSTESSE *à part.*

Se peut-il qu'en naiſſant,
Vn feu que j'ay cauſé, ſoit deſia ſi puiſſant?
De tels embraſemens ſont choſes fort nouuelles,
On me l'auoit bien dit que j'eſtois des plus belles.

PHILIDIE.

Helas!

L'HOSTESSE *à part.*

Ie fay ſa peine, il n'en faut point doûter,
Ie ne la puis guerir; mais ie la puis flatter.

PHILIDIE.

Amant trop mal-heureux! trop aueugle Maiſtreſſe!

L'HOSTESSE.

Monſieur, dónez relaſche à l'ennuy qui vous preſſe;
Ne feignez plus, ie ſçay qui vous fait ſoûpirer,
I'en connoy bien la cauſe, & puis vous aſſeurer
Qu'elle ſçait voſtre peine, & qu'elle la partage.

PHILIDIE.

Le ſçauez-vous, Madame?

L'HOSTESSE,

L'HOSTESSE.

Ouy, ie ſçay dauantage
Qu'elle eſt en ce logis, & que reſtant ce ſoir,
Vous verrez qu'elle aura du plaiſir à vous voir.

PHILIDIE.

Du plaiſir à me voir? ſeroit-il bien poſſible?
O Dieux!

L'HOSTESSE.

Qu'à ce bon-heur il ſe montre ſenſible!

PHILIDIE.

Luy pourray-ie parler?

L'HOSTESSE.

Ouy, ſans déguiſement,
Que ce ſoit toutesfois vn peu diſcrettement.
Vous m'aimez, ie le voy, mais les nœuds d'hyme-
née
Rendent à Federic ma paſſion bornée,
Ses ardeurs ſeulement me doiuent émouuoir,
Et ſouffrant vos diſcours ie choque mon deuoir.
Si ie ſuiuois auſſi ma premiere penſée,
De vos contes d'amour ie ſerois offencée,
Mais j'excuſe vn jeune homme, & doy me ſouuenir
Que ſa faute eſt à plaindre, & non pas à punir.

PHILIDIE.

Sçachez....

L'HOSTESSE.

Ie ſçay bien tout.

PHILIDIE.

Qu'elle eſt extrauagante,
Mais....

L'HOSTESSE.

Mais conſolez-vous, ie veux eſtre indulgente,
Et tant que mon honneur ne ſera point bleſſé,
Ie vous traitteray mieux que vous n'auez penſé.

C

C'eſt tout ce qu'vne femme à l'hymen engagée,
Peut pour rendre aujourd'huy voſtre ame ſoulagée.
Federic vniſſant mes deſtins à ſes iours,
En receuant ma foy, prit toutes mes amours.
Il m'aime, & mon ardeur à la ſienne pareille,
Me permet ſeulement de vous preſter l'oreille.
Vous eſtes honneſte homme, & ie m'aſſure bien
Qu'outre cette faueur vous ne ſouhaittez rien.

PHILIDIE.

Voſtre honneur auec moy ſe trouue en aſſeu-,
　　rance,
Et mon honneſteté paſſe voſtre eſperance.
Ce que vous permettez eſt encor trop pour moy,
Aimez voſtre mary, gardez-luy voſtre foy,
Faites voir vn amour au delà du vulgaire,
Vn homme tel que moy ne s'en fâchera guere,
Ie n'ay pas maintenant lieu de me diuertir,
Soyez touſiours fidelle, & me laiſſez partir.

L'HOSTESSE.

Il ſe moque, il ſe rit : mon dépit eſt extrême.

PHILIDIE.

Vous vous abuſez fort croyant que ie vous aime,
I'aime, il n'eſt que trop vray ; mais j'atteſte les
　　Dieux,
Que le feu que ie ſens, ne vient point de vos yeux,
La ſource de ma flame a beaucoup plus de force,
Elle a moins de douceur, mais non pas moins d'a-
　　morce,
Et dans le triſte eſtat, Madame, où ie me voy,
Ie ne puis rien pour vous, vous auſſi rien pour moy,
Aux paſſants d'autresfois ſoyez plus eſtimée,
Noſtre foy ſeroit fauſſe eſtant bien eſpreuuée,
Souffrant que l'on cajole, on fait trop de faueur,
Quand on preſte l'oreille on veut donner le cœur,

Et bien-toſt vn galant a ſeduit vne femme,
Lors qu'il obtient d'abord cette entrée en ſon ame,
Certes celuy qu'hymen a joint auecque vous,
A beaucoup de ſujet de paroiſtre jaloux,
Si ie luy diſois tout, ie vous rendrois plus ſage,
Mais le voicy qui vient.

L'HOSTESSE.

Ha, quel ſanglant outrage!

SCENE IV.

FEDERIC, L'HOSTESSE, PHILIDIE.

FEDERIC.

VOſtre cheual eſt preſt.

L'HOSTESSE.

Voyez cet effronté,
Qui me fait des diſcours contre l'honneſteté.
Qui croiroit tant d'audace auec tant de jeuneſſe,
Tu treuues mon mary tout caſſé de vieilleſſe,
C'eſt dis-tu le bourreau des plus beaux de mes ans,
Et ie deurois ſonger à mieux paſſer mon temps.

FEDERIC.

Quoy, Monſieur, dit cela?

L'HOSTESSE.

Mille fois pis encore,
Ie ne ſçay qui me tient que ie ne le deuore.

PHILIDIE.

Croyez...

L'HOSTESSE.

Dira-t'il bien qu'il eſt ſort innocent?
Conſiderez vn peu le bel adoleſcent,

C ij

N'est-il pas bien troussé pour faire des conque-
stes,
Et pour parler d'amour à des femmes honnestes ?
Il estoit bien venu pour venir m'épreuuer,
Il n'a pas rencontré ce qu'il pensoit treuuer,
N'eust esté pour vn peu, sa harangue impudente
Eust receu de ma main quelque belle patente.

FEDERIC.

Tout beau.

PHILIDIE.

Sur mon honneur...

L'HOSTESSE.

L'homme de bonne foy,
Faire le discoureur & s'adresser à moy.

FEDERIC.

L'honneste femme ?

PHILIDIE.

O Dieux!

L'HOSTESSE.

Qu'il déloge bien viste,
Ailleurs qu'en ce logis il peut bien chercher giste.

FEDERIC.

Monsieur, vous auez tort ?

L'HOSTESSE.

Nous aimons trop l'honneur,
Pour retirer iamais ceans vn suborneur.

PHILIDIE.

Il faut conter dehors.

L'HOSTESSE.

Qu'il craigne ma colere.

PHILIDIE.

Sortons, mon Maistre.

FEDERIC.

Allons.

L'HOSTESSE.

Il ne ſçauroit mieux faire.

PHILIDIE *à part.*

Qu'il ſeroit eſtonné s'il eſtoit éclaircy?
Mais ie n'ay pas le temps de m'arreſter icy.

SCENE V.

L'HOSTESSE.

HE' bien, ſi ie n'euſſe eu l'adreſſe & le courage
De repouſſer ainſi l'outrage par l'outrage,
Si ie n'euſſe menty d'vne bonne façon,
Federic euſt accreu de moitié ſon ſoupçon,
Et ce jeune innocent euſt bien eu l'impudence
De mettre deuant luy ma faute en éuidence,
Qui l'euſt iamais penſé qu'vn jeune homme bien
    fait,
Qui ne ſemble pas ſot, le fut tant en effet,
Ses diſcours m'auoient miſe en vn deſordre
    eſtrange,
Mais ie m'en ſuis tirée en luy donnant le change,
Par cette inuention mon honneur ſe maintient,
Ma faute eſt reparée, & le bon homme en tient.
Mais on vient.

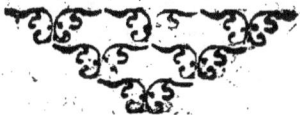

SCENE VI.

ISABELLE, L'HOSTESSE.

ISABELLE *déguisée en homme.*

OVy, le traiftre enleue Philidie,
Ils font partis enfemble, ô noire perfidie !
Ma Riualle en mourra.

L'HOSTESSE.

C'eft quelque hofte nouueau.

ISABELLE.

Parlons bas, on m'entend.

L'HOSTESSE.

Dieux ! qu'il me femble beau,
L'autre auoit moins de grace, & bien plus de tri-
fteffe.

ISABELLE.

Cette femme eft jolie, & c'eft ie croy l'hofteffe,
Pour leuer tout foupçon de mon déguifement,
Difons-luy des douceurs, & feignons galam-
ment.

L'HOSTESSE.

Monfieur, vous plaift-il pas venir en la cuifine
Voir ce que pour fouper il faut qu'on vous deftine;
Vous trouuerez dequoy faire vn fort bon repas,
Sinon la baffe-court ne vous manquera pas.

ISABELLE.

Quoy que l'on me prepare il ne m'importe guere,
Tant que ie vous verray ie feray bonne chere,
L'honneur & le plaifir de fe voir prés de vous,
Ont bien d'autres appas que les mets les plus doux

Que pourroit fouhaitter l'homme le plus eftrange,
Seruy par vne hofteffe auffi belle qu'vn Ange.

L'HOSTESSE.

Vous aimez à railler, Monfieur, ie le connoy,
Ce complimét eft fait pour quelqu'autre que moy,
Ces difcours rafinez ne font point en vfage
Prés d'vne fimple hofteffe en vn petit village.

ISABELLE.

Dans tout ce que l'Efpagne a de grandes Citez,
Vos charmes terniroient les plus rares beautez,
Celles qui font par art à la Cour adorées,
Ne peuuent iuftement vous eftre comparées,
Vos yeux ont vn efclat que l'on rencontre peu,
Vn feul de vos regards mettroient cent cœurs en
   feu ;
Auffi quand i'ay fouffert voftre premiere veuë,
I'en ay fenty mon ame au mefme temps efmeuë,
Et mon cœur tout furpris de ce trouble naiffant,
En a lâché par force vn foûpir innocent.

L'HOSTESSE.

Monfieur, épargnez-moy, conferuez voftre adreffe,
Pour vous faire autre part quelque belle maiftreffe,
Ie croy que vos deffeins pour ne vous point mentir
Sont de m'en faire accroire & de vous diuertir,
En iuger autrement, feroit m'eftre oubliée,
Ie fçay que ie fuis laide, & de plus mariée.

ISABELLE.

Laide ! ah c'eft faire vn tort à vos charmants appas,
Que d'vn autre que vous ie ne fouffrirois pas,
Et c'eft recompenfer d'vne injure cruelle
Les foins qu'euft la nature à vous rendre fi belle.

L'HOSTESSE à part.

Que fon difcours me plaift, & que mal-aifément,
On fe fafche d'entendre vn homme fi charmant !

ISABELLE.

La fortune deuroit vous auoir mieux traittée,
Mais vous auriez grand tort d'en paroiftre irritée,
C'eft vn bon heur parfait que l'on ne trouue point,
Que d'eftre heureufe & belle enfemble au dernier
  point.
Voir la beauté fans pompe, eft-ce vne chofe
  eftrange ?
On void bien quelquesfois des perles dâs la fange,
Ie ne vous plaindrois point, n'eftoit que voftre ef-
  poux.
Eft vn party bien trifte & peu digne de vous.
Sans mentir voftre fort eft beaucoup pitoyable,
De n'auoir pour mary qu'vn objet effroyable,
Dont la force eft efteinte & le fang tout glacé,
Et que le faix des ans a rendu tout caffé,
Pourriez vous bien goufter les plaifirs de la vie,
Prés d'vn homme dont l'âge en fait paffer l'enuie,
Et qu'on doit regarder comme vn fpectre viuant,
Qui defia dans la tombe a le pied bien auant?
C'eft en quoy ie vous plains dans cette conion-
  cture,
Le fort eut du caprice & vous fit trop d'iniure,
Et l'hymen fut cruel d'vnir en mefme iour
Les glaçons de la mort, & les feux de l'amour.
Vous deuiez mieux choifir, la chofe eft d'impor-
  tance.

L'HOSTESSE.

C'eft ma faute, Monfieur, & i'en fais penitence.

ISABELLE.

Vous l'auez affez faite, il faut chercher ailleurs
Les plaifirs qu'à vos iours refufent vos malheurs,
Voftre âge vous y pouffe, & vos ieunes années
Pour vn vieillard tout feul ne font pas deftinées,

Vous trouuerez...

L'HOSTESSE.

Monſieur, mon mary vient à nous,
Ne me dites plus rien, il a l'eſprit jaloux.

ISABELLE.

Ne craignez rien, croyez que ie ſuis aſſez ſage
Pour vous parler d'amour ſans luy donner d'ombrage,
J'entre dans la cuiſine.

L'HOSTESSE.

Attendez vn moment,
Ie vay vous préparer le bel appartement.

ISABELLE.

J'oubliois ſur ce point vn auis qui me touche,
Faites où ie ſeray que perſonne ne couche,
Ie vous payeray bien.

L'HOSTESSE.

Monſieur, c'eſt aſſez dit,
Aſſeurez vous qu'icy vous auez tout credit.

SCENE VII.

FEDERIC, L'HOSTESSE.

FEDERIC.

TOut credit, l'offre eſt belle & n'eſt pas ſans
　　myſtere,
Connoy tu ce jeune hômme, & les biens de ſon pere,
C'eſt plutoſt qu'il t'en conte, & ie jurerois bien,
Que vous venez d'auoir vn fort long entretien,
Tu prens touſiours plaiſir d'eſtre libre & coquette,
Et ne regarde pas ſi cela m'inquiete,

Femme que l'on cajole en ce fiecle mefchant,
Eft vn bien à l'enchere & qui cherche marchand.

L'HOSTESSE.

Dieux! quelle jaloufie à la tienne eft pareille,
Auoir martel en tefte,& la puce à l'oreille,
Lors que i'ofe employer des moyens innocens,
Pour rendre ce logis agreable aux paffans,
Si tu veux t'obftiner dans cette humeur bifarre,
Ie voy bien qu'il faudra qu'enfin l'on nous fepare,
Ce paffant, qu'à grãd tort tu prens pour fuborneur,
Eft de tous les mortels le plus homme d'honneur,
Et bien qu'affez long-temps il m'ait entretenuë,
Il m'a fait des difcours fi pleins de retenuë,
Que tout ce que de luy ie me puis figurer,
C'eft ou qu'il fort d'vn cloiftre ou qu'il y veut en-
    trer,
Auffi ne fuis-ie pas femme à qui l'on en conte,
Ie crains plus que la mort ce qui me peut faire
    honte,
Apres ce que i'ay dit à ce ieune infolent,
Qui vouloit prés de moy s'ériger en galant,
Deurois-tu pas fçauoir de quel air ie maltraitte
Quiconque s'emancipe à me conter fleurette,
Vois-tu pas à quel point l'honneur m'eft precieux,
Et combien tes foupçons me font iniurieux?

FEDERIC.

Ma femme, excufe-moy, bien que ta foy foit claire,
Ie ferois moins ialoux fi tu m'eftois moins chere,
Suportant ce deffaut marque-moy ton amour,
Mais aprens que noftre hofte eft defia de retour,
On l'auroit détrouffé dans la foreft prochaine,
Sans l'aide d'vn paffant qui ceans le rameine.

L'HOSTESSE.

Quoy, tu donnes retraitte à cet impertinent?

FEDERIC.

Son guide qui m'en prie eſt le jeune Fernand,
Le fils du grand Preuoſt.

L'HOSTESSE.

Dont la ſœur eſt ſi belle,
Que ma tante a nourrie, & qu'on nomme Iſabelle?

FEDERIC.

Luy meſme.

L'HOSTESSE.

A ſa priere il le faut receuoir:
Mais, ie t'en auertis, ie ne le veux point voir.

FEDERIC.

Du moins ſi le hazard à tes yeux le preſente,
Ne fay point de vacarme & ſois plus complai-
    ſante,
Ils demandent qu'à part nous les facions coucher.

L'HOSTESSE.

S'ils veulent plus d'vn lit, qu'ils en aillent cher-
    cher,
La chambre des deux lits par l'autre eſt retenuë,
Que n'ont-ils eu l'eſprit de haſter leur venuë,
La chambre qui nous reſte eſt belle & grande
    aſſez,
Deux y peuuent coucher ſans eſtre fort preſſez,
Le lit eſt tout au moins auſſi grand que le noſtre,
Dom Fernand eſt fâcheux.

FEDERIC.

Ce n'eſt pas luy, c'eſt l'autre,
Dom Fernand eſt preſsé de haſter ſon retour,
Et veut demain partir auant le point du iour,
Son compagnon luy fait demander cette grace,
Il faut le contenter.

L'HOSTESSE.

Que veux-tu que ie face?

FEDERIC.

Vois-tu, n'obligeons pas Dom Fernand à demy,
On peut sans qu'il soit veu de cet hôme endormy,
Luy donner iusqu'au iour sa chambre pour re-
    traitte,
En l'y faisant entrer par la porte secrete.

L'HOSTESSE.

Pour l'en faire sortir...

FEDERIC.

                    Deuant partir matin,
Si l'autre l'aperçoit, crois qu'il sera bien fin.

L'HOTESSE.

I'ay peur qu'en son projet mon mary ne s'abuse,
Et s'il le voit aussi...

FEDERIC.

                    Quitte à luy faire excuse.

L'HOSTESSE.

C'est trop s'incommoder pour vn meschant mor-
    ueux.

FEDERIC.

Quoy qu'il en soit enfin, ma femme, ie le veux.

L'HOSTESSE.

Ma douleur, s'il le sçait, ne sera pas petite,
Ce passant qu'on méprise est homme de merite,
Qui sent son grand Seigneur, & qui parle à rauir,
Mais ie suis peu courtoise, il faut laisser seruir.

FEDERIC.

Femme jeune & courtoise est vn peu dangereuse,
Et que d'vn mauuais choix la fuitte est rigoureuse,
En tant de maux diuers l'hymen peut nous plonger,
Que la plus longue vie est peu pour y songer.

Fin du second Acte.

ACTE

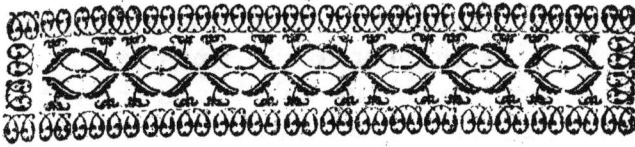

ACTE III.

SCENE PREMIERE.

ISABELLE *dans sa chambre accoudée sur vne table.*

STANCES.

Raison, n'en parlez plus, laissez agir ma
    rage,
       Bien qu'Alonce tout seul m'ou-
       trage,
I'en veux à Philidie, elle a fait son mépris,
Elle m'arrache l'ame, & c'est auec iustice
    Que ie pretends qu'elle perisse,
Car j'aimois moins le iour que ce qu'elle m'a pris.

Mon cœur, pour redoubler l'horreur que i'ay pour
    elle,
      Adore encor cet infidele,
Et ne sçauroit changer apres son changement,
Ma haine se rencontre à mon amour égale,
    Et voulant perdre ma Riuale,
Ie sens bien que ie veux recouurer mon Amant.

D

Ie cours à la vengeance, & l'Amour est mon guide,
  Ses feux pour trouuer ce perfide,
M'éclairent au chemin qu'il doit auoir tenu:
Mais helas j'entreprens vne vaine poursuite,
  Puis qu'enfin Alonce me quitte,
Alonce est trop changé pour estre reconnu.

D'où vient que ie ne puis imiter ce volage ?
  Brisons le nœud qui nous engage,
Meslons nostre inconstance à sa legereté;
Et faisons en joignant le mépris à l'iniure,
  Qu'on doute apres cette aduanture,
Si l'ingrat m'a quitté, ou si ie l'ay quitté.

Sans doute ce remede est le seul qui me reste,
  Pour me tirer d'vn sort funeste,
En perdant mon amour ie perdray mon ennuy:
Ouy, changeons, mais helas que ie suis insensée!
  Pour executer ma pensée
Mon cœur manque,& l'ingrat l'emporte auecque
luy.

Ouy, ouy, mon cœur serré d'vne chaîne immor-
telle,
Tout méprisé qu'il est, suit encor l'infidelle,
Quel charme rend mon ame insensible au dépit!

SCENE II.

D. FERNAND, ISABELLE, FEDERIC.

FEDERIC.

ECoutons.

ISABELLE.

Tout à coup le sommeil m'assoupit,
Il semble que ce Dieu dans son paisible Empire
Veut sçauoir si l'amour peut causer du martire.
Ses pauots sur mes sens font vn débile effort.
Tout mon repos dépend d'Alonce ou de la mort.

FEDERIC.

Entrons sans faire bruit, sans doute qu'il sommeille,
Ou ce profond sommeil abuse mon oreille.

D. FERNAND.

Il n'est pas endormy, ie voy de la clarté,
Voyez.

FEDERIC.

Il dort, vous-dis-ie, entrez en seureté,
C'est vn ieune estourdy qui manquant de ceruelle,
N'a pas mesme le soin d'esteindre sa chandelle,
Et hors du bec à peine a le dernier morceau,
Que desia sur la table il dort comme vn pourceau,
Il faut qu'auec ces gens de bien prés l'on regarde,
Ces testes à l'éuent sont de mauuaise garde.

D. FERNAND.

Emportez la chandelle, & me laissez icy,
Allez. FEDERIC.
Quoy, voulez-vous passer la nuict ainsi ?

D ij

D. FERNAND.

De reuoir mes parens mon defir eſt extrême,
Ie veux demain partir auant l'Aurore meſme,
Et ie ne treuue pas qu'il ſoit fort à propos
De paſſer d'autre ſorte vn moment de repos:
Mais comme on perd tous ſoins alors que l'on
    ſommeille,
Auant le point du iour commandez qu'on m'é-
    ueille.

FEDERIC.

Moy meſme i'y viendray pour faire moins de bruit.
Repoſez bien, Monſieur, bon ſoir & bonne nuiᵈt.

SCENE III.

ISABELLE, D. FERNAND.

ISABELLE *s'éueillant.*

Quoy donc vous me fuyez, ſommeil, charmeur
    des peines,
Vos charmes pour mon mal, ſont des puiſſances
    vaines,
Pour vn eſprit de haine, & d'amour combattu,
Tous vos pauots ſont ſecs, & n'ont point de vertu,
Et mon malheur refuſe à mes ſens déplorables,
Le repos que la nuiᵈt offre aux plus miſerables.

D. FERNAND *ſur vn lit.*

Qu'entens-ie, & qui l'oblige à tenir ces propos?

ISABELLE *à part.*

Sortez, larmes, ſoûpirs, ſoyez tout mon repos,
Puiſque par la rigueur de mon deſtin funeſte,
La liberté des pleurs eſt le bien qui me reſte.

D. FERNAND *à part.*

Les ennuis dont le iour nous sommes accablez,
Dans le temps du repos se treuuent redoublez,
Et l'ame à ces objets estant lors occupée,
Comme elle est moins distraite, elle en est plus
    frapée.

ISABELLE.

Helas !

D. FERNAND.

Possible enfin écoutant ses regrets,
Ie pourray découurir ses sentimens secrets.

ISABELLE.

Sources de mes malheurs, lumieres deceuantes,
Funestes qualitez à trahir si sçauantes,
Quel esprit dans le monde auroit pû s'affranchir
De vos charmes trompeurs que ie n'ay sceu gau-
    chir,
De cet indigne objet, de cette ame infidelle,
Amour m'auoit bien fait la peinture trop belle,
Amour, qui nous flattant d'vn bon-heur imparfait,
N'a des biens qu'en idée, & des maux en effet,
Amour qui n'a pour moy qu'vne haine obstinée,
O passion fatale ! ô fille infortunée !

D. FERNAND.

Fille, quelle auanture ! & qu'elle me surprend,
Son esprit est bizarre, ou son malheur est grand.

ISABELLE.

Allons dessus vn lict poursuiure nostre plainte,
Gardons de nous blesser, la chandelle est esteinte,
Possible qu'en ce lieu nous reposerons mieux.

Elle va au lit où est couché D. Fernand.

D. FERNAND.

Madame ?   **ISABELLE.**

Vn homme icy : ie suis perduë ! ô Dieux !

Que veux-tu? qui t'amene? & qu'ose-tu pretendre?
Contre qui que tu sois ce fer peut me défendre.

D. FERNAND.

Asseurez-vous...

ISABELLE.

Quel est ton dessein lasche & noir ?
Ou ne m'aproche pas , ou crain mon desespoir.

D. FERNAND.

De grace écoutez moy , ne craignez rien , vous
    dis-ie,
Ie sçay à quel respect vostre sexe m'oblige,
Ie ne suis point venu pour croistre vos malheurs,
Ie ne préuoyois pas vos plaintes ny vos pleurs,
Et j'estois sur ce lict dans la seule pensée
D'y passer vne nuict desia fort aduancée,
L'hoste qui dans ce lieu me vient de faire entrer,
Auant le iour naissant m'en viendra retirer,
Tandis si ma presence icy vous est suspecte,
Pour vous marquer encor combien ie vous res-
    pecte,
Ie sors, & vous ostant tout sujet de trembler,
I'abandonne vn repos qui pourroit vous troubler.

ISABELLE.

Me laissant seule icy vous m'allez faire grace,
Mais cachez bien sur tout mon sexe , & ma dis-
    grace.

D. FERNAND.

Ie cherche à vous seruir,& vous donne ma foy,
Que vous ne tairés pas vos secrets mieux que moy,
Mais quel pretexte prédre en sortant à telle heure ?

ISABELLE.

C'est là ma peine, helas!

D. FERNAND.

        Souffrez que ie demeure,

Ie fuis homme d'honneur, & mes vœux les plus
    doux,
Sont de vous confoler fans approcher de vous.

          ISABELLE.

Que mon malheur eft grand!

          D. FERNAND.

              Ie tiendray ma parole.

          ISABELLE.

C'eft ce que ie veux croire, & ce qui me confole.

          D. FERNAND.

Que le Ciel me puniffe en lafche rauiffeur,
Si j'en vfe auec vous plus mal qu'auec ma fœur.

          ISABELLE.

Il fuffit, ie m'affeure, & n'ay plus d'autre enuie
Que de vous confier les fecrets de ma vie,
Afin qu'vn adueu libre où mon cœur fe refout,
Vous force à ne rien dire en vous apprenant tout.

          D. FERNAND.

Croyez fi les deftins à mes vœux font propices,
Qu'à m'a difcretion ie joindray mes feruices,
Voftre honneur auec moy ne court aucun hazard,
Ie n'aprendray vos maux que pour y prendre part.

       ISABELLE *affife fur vn lit, &*
           D. Fernand fur l'autre.

Ma patrie eft Lifbonne, & mon nom Ifabelle,
Cette illuftre Cité m'a veu naiftre chez elle,
Mon pere, grace aux Dieux, y tient vn noble rang,
Et la vertu foûtient la gloire de fon fang,
Auec vn fils qu'il aime autant qu'il me detefte,
Ie fuis d'vn chafte hymen, tout le fruit qui luy refte,
Mon frere eft fans efgal, & Fernand eft fon nom,
Il fait depuis trois ans la guerre en Arragon,
C'eft l'appuy de mon pere, & j'en fuis l'ennemie,
Il acquiert de l'honneur, & moy de l'infamie.

D. FERNAND.

C'eſt ma ſœur Iſabelle, ô l'eſtrange malheur!

ISABELLE.

Quand il ſçaura mon ſort, qu'il aura de douleur!
Sa tendreſſe pour moy ſurpaſſe l'ordinaire,
Il s'en faudra bien peu qu'il ne ſe deſeſpere,
Il ira me chercher au bout de l'Vniuers.

D. FERNAND.

Qu'entends-ie, iuſte ciel! ayes les yeux ouuerts.

ISABELLE.

Le Soleil dans les cieux d'vne courſe encheſnée,
Depuis qu'il eſclaira le iour où ie fus née,
Auoit au plus déja quinze fois fait ſon tour,
Enfin, Alonce...

D. FERNAND.

O Dieux ! Alonce l'infidelle?

ISABELLE.

A ce funeſte nom mon mal ſe renouuelle,
C'eſt celuy de l'ingrat, dont le fatal diſcours
Du repos de ma vie interrompit le cours,
Dés l'abord ſans regret ie ſouffris ſa preſence,
Ie l'eſcoutay parler auecque complaiſance,
Enſuitte il fut traité plus fauorablement,
Ie conſentis qu'il priſt le nom de mon Amant,
Ie me plûs à le voir , & me croyant aimée
Preſque inſenſiblement ie me trouuay charmée.
Enfin ayant appris que mon pere, inhumain,
Deſtinoit à quelqu'autre & mon cœur & ma main,
Pour acheuer de vaincre, Alonce auec adreſſe
M'aſſura de ſa foy, m'en fit vne promeſſe,
Et par ſon deſeſpoir m'attendrit tellement,
Que ie tombay d'accord de mon enleuement.
Enfin ma paſſion me rendit inſenſée,
Et ſon amour ne fut que trop recompenſée.

Son amour, ie m'abufe, il n'en a iamais eu,
Son ardeur eſtoit feinte, & mon cœur fut deceu,
Il n'eſtoit rien que glace, & ce qu'il eut de flame,
Fut touſiours dans ſa bouche, & iamais dans ſon
    ame.

D. FERNAND *à part.*

Sans doute il l'a trompée, & puis s'en eſt mocqué,
Pour voſtre enleuement le iour fut-il marqué ?

ISABELLE.

Helas!

D. FERNAND.

   Elle en dit trop en n'oſant me rien dire.

ISABELLE.

L'ingrat, d'vn autre objet reconnoiſſoit l'empire,
Son nom eſt Philidie, & comme ſon époux,
Il en euſt hier au ſoir le dernier rendez-vous,
Ie l'appris, i'y courus, & dans la nuict ce traiſtre
Me prit pour Philidie & me fit tout connoiſtre;
Et dans ce noir complot ayant mal reüſſi,
Diſparut dés le ſoir, & Philidie auſſi.
Vous pouuez bien iuger apres cette nouuelle,
Que ma rage fut grande, & ma douleur mortelle;
Suiuant mon deſeſpoir en des ennuis ſi grands,
I'ay déguiſé mon ſexe, & quitté mes parens;
Enfin ſous cet habit ie ſuis aſſez hardie,
Pour eſgorger enſemble Alonce & Philidie.
Ie ſçay qu'ils vont en Flandre, & ie vay faire
    effort
Pour les y rencontrer, ou pour trouuer la mort,
Ce funeſte recit eſt l'Hiſtoire importune
Des maux que m'ont cauſé l'Amour & la Fortu-
    ne;
Mais il dort, & marquant l'excez de mon malheur,
I'excite du repos, & non de la douleur.

D. FERNAND.

Non, non, ie ne dors point, voftre voix qui m'é-
　　ueille,
M'a touché iufqu'au cœur, en me frapant l'oreille,
Bien que ie fois amy de voftre injufte Amant,
Ie partage aujourd'huy voftre reffentiment;
Son amitié m'offence , & pour vous j'y renonce,
Ie deuiens le plus grand des ennemis d'Alonce,
Et dans fa trahifom ie voy tant de noirceur,
Que ie vous vangeray comme ma propre fœur.
Mais c'eft affez parlé, il eft temps de nous taire,
La nuiét nous donnera quelque aduis falutaire,
L'Aurore icy dans peu ramenera le iour,
Goûtons quelque repos, attendant fon retour.

SCENE IV.

L'HOSTESSE, ISABELLE,
D. FERNAND.

L'HOSTESSE *auec vne lanterne.*

QVelqu'vn parle , efcoutons.

　　　　ISABELLE.

　　　　　　　Maintenant il repofe,
Mais le fómeil m'accable, & ma paupiere eft clofe,
Amour, vnique autheur de mes ennuis preffans,
Accordez quelque tréue au trouble de mes fens.

　　　　L'HOSTESSE.

Aucun bruit maintenant ne frappe mon oreille,
Ie fuis la feule icy qu'vn beau fantofme éueille,
Tandis que mon mary dort bien profondement,
Contemplons à noftre aife vn objet fi charmant.

Agreable dormeur, paſſant remply de charmes,
Par quel ſecret pouuoir cauſe-tu mes allarmes?
Et viens-tu dás mõ lict lors que mes yeux ſon clos,
Par des appas ſi doux trauerſer mon repos?
Que fais ie, malheureuſe, & qu'eſt-ce que i'eſpere,
En brûlant d'vne flame à mon honneur contraire,
Ce bel hoſte eſt injuſte, & c'eſt trop de rigueur
Que de vouloir loger iuſques dedans mon cœur.

SCENE V.

FEDERIC, L'HOSTESSE, ISABELLE, D. FERNAND.

FEDERIC.

IE la prends ſur le fait, elle eſt toute interdite.

L'HOSTESSE.

Tu deuiendras malade!

FEDERIC.

Ah ! la bonne hypocrite.

L'HOSTESSE.

Retourne te coucher.

FEDERIC.

Sors, ie ſuiuray tes pas.

L'HOSTESSE.

Qu'as-tu donc ?

FEDERIC.

Sors, te diſ-ie , & ne replique pas,
Enfin ie t'ay ſurpriſe, & tu t'es meſcõntée,
Tu quitte donc mon lict, Madame l'effrontée,
Pour chercher dans cet autre vn homme à ton
deſir,

Et venir en ces lieux mandier du plaifir,
Dis-moy fi fes baifers font à ta fantaifie.

L'HOSTESSE.

Quoy, tu ne peux iamais eftre fans jaloufie?
A me perfecuter treuue-tu des appas,
Pour condamner ainfi mes veilles & mes pas?

FEDERIC.

Va, va, pour mon repos tu n'es que trop foigneufe.

L'HOSTESSE.

Te voila bien matin dans ton humeur grondeufe.

FEDERIC.

Te voila bien matin prefte à faire l'amour.

L'HOSTESSE.

D. Fernand veut partir auant le point du iour,
Le venir éueiller quand l'Aurore s'aproche ,
Eft-ce vn crime effroyable, & digne de reproche?

FEDERIC.

Prés de l'autre paffant, que venois tu chercher?

L'HOSTESSE.

Ie craignois fon réueil, & voulant l'empefcher,
Ie venois de fon lict abaiffer la cuftode ,
Pour rendre de Fernand le depart plus commode.

FEDERIC.

Tu peux en employant tes difcours fpecieux,
Pecher innocemment mefme deuant mes yeux.

L'HOSTESSE.

Au gré de ton humeur , de raifon incapable,
Vne femme de bien femble toufiours coupable,
Pour punir tes foupçons ie veux...

FEDERIC.   Que dis-tu? quoy?

L'HOSTESSE.

Que malgré tes foupçons ie veux n'aimer que toy,
Que ie fuis infenfible aux amours infensées,
Et qu'à ton feul profit vont toutes mes pensées.

FEDERIC.

FEDERIC.

Ie veux le croire ainſi, mais ton ſoin me déplaiſt,
Trauaille à mon repos plus qu'à mon intereſt,
Aux gens dont la ieuneſſe à la grace eſt égale,
Ie te croirois d'humeur vn peu trop liberale.

L'HOSTESSE.

O le ialoux eſprit ! pour finir nos debats,
Eſueille Dom Fernand, ie deſcendray là bas.

SCENE VI.

FEDERIC, D. FERNAND, ISABELLE.

FEDERIC regardant Iſabelle.

CE compagnon ſans doute à la debauche in-
      cline,
Et s'il n'eſt dangereux, il en a bien la mine,
Ie ne veux plus loger tels hoſtes maintenant,
Mais la nuict va finir, éueillons D. Fernand,
Monſieur?

D. FERNAND.

Eſt-il bien tard?

FEDERIC,

          L'Aurore va paroiſtre.

D. FERNAND.

Allez toûjours deuant, ie ſuis vos pas, mon maiſtre.

FEDERIC.

Faites donc peu de bruit.

D. FERNAND.

          Laiſſez-moy, ie ne veux
A ce ieune paſſant dire qu'vn mot ou deux.

                E

FEDERIC.

Luy parler! ha, pluſtoſt gardez qu'il ne vous voye.

D. FERNAND.

Non, non, dans ma rencontre il aura de la ioye,
Ie ſuis ſon frere, allez.

FEDERIC.

　　　　　　Ah ! Monſieur, en ce cas
Vous luy pouuez parler, ie n'y reſiſte pas.

SCENE VII.

D. FERNAND, ISABELLE.

D. FERNAND.

O Sœur infortunée, honte de noſtre pere,
Objet de ma tendreſſe, objet de ma colere,
Dois-ie dans cet eſtat effroyable & nouueau
Te voir comme ton frere ou comme ton bourreau?
Suiuray-ie en conſultant cette triſte aduanture,
Les tranſports de la rage ou ceux de la nature ?
Auec quels ſentimens te dois-ie regarder?
T'embraſſeray-ie, ou bien t'iray-ie poignarder?

ISABELLE *s'eſueillant en tirant l'eſpée.*

Me poignarder, perfide!

D. FERNAND.

　　　　Helas !

ISABELLE.

　　　　　　　　Traiſtre, parjure,
Que t'a donc fait ma vie!

D. FERNAND.

　　　　　　　Vne ſanglante injure,
Mais j'ay....

ISABELLE.

Demeure, lasche, ou ce fer que ie tiens
Pourra mettre en suspens tes destins & les miens.

D. FERNAND.

Ne faisons point encor de bruit ny de reproche,
Considerez deuant celuy qui vous aproche,
I'ay droit d'estre en fureur plus que vous ne pensez,
Obseruez mon visage, & me reconnoissez,
R'appellez de Fernand quelque image legere.

ISABELLE.

Que voy-ie, ô iustes Dieux!

D. FERNAND.

Vous voyez vostre frere.

ISABELLE.

Mon frere ! si ce nom peut m'estre encor permis,
Ie reconnois mon crime apres l'auoir commis,
La tache dont ie rends vostre gloire flétrie,
Par mon seul repentir ne peut estre amoindrie,
Vangez-vous, & d'vn coup qui me priue du iour,
Estouffez vostre honte auecque mon amour.
Ie renonce à la vie, elle est pour moy sans charmes,
Ma faute veut du sang , c'est trop peu que mes
    larmes,
Ma mort venant de vous, aura quelque douceur,
Frapez, frapez, mon frere.

Elle se iette à ses genoux.

D. FERNAND.

Ah ! leuez-vous, ma sœur,
I'ay l'ame encor trop tendre, & le bras trop timide
Pour punir vostre faute auec vn fratricide ,
Tous les crimes d'amour se doiuent excuser,
Ma sœur en vse mal, moy, i'en veux bien vser,
Et l'amitié pour elle en mon ame establie,
Ne la peut oublier alors qu'elle s'oublie,

E ij

Malgré voftre foibleffe, & mon reffentiment,
Ie veux prendre le foin de chercher voftre Amant,
Pour trouuer du repos dás les bras d'vn vieux pere,
Ie quittois des combats la fatigue ordinaire,
Mais il faut le vanger deuant d'vn fuborneur,
Et qui luy doit le iour luy doit rendre l'honneur.
Ouy, i'empefcheray bien qu'Alonce vous rebutte,
Vous auez fa promeffe, il faut qu'il l'execute,
Voftre nourriee icy fait encor long fejour,
Aupres d'elle inconnuë attendez mon retour,
Ie m'en vay l'aduertir de tout ce qu'il faut faire,
Et vous laiffer tandis fous le nom de mon frere,
Auec vn Caualier plein d'efprit & d'appas,
Que hier dans la foreft ie fauuay du trépas,
Enfin pour vous, ma fœur, ie veux tout entreprendre,
Perdez de vos ennuis la part que i'y doy prendre,
Voftre infidelle amant ne m'efchappera pas,
Iufques dans les Enfers i'irois fuiure fes pas.

ISABELLE.

O frere le meilleur qui fut jamais au monde,
Se peut-il qu'en mes maux vn tel bien fe confonde,
Et qu'apres noftre honneur indignement bleffé,
Ie treuue vn défenfeur en vn frere offencé?
Mais quoy? vous allez faire vne inutile quefte,
Philidie eft heureufe, Alonce eft fa conquefte,
En vain pour le gagner vous ferez quelque effort,
L'infidelle eft trop lafche, & le charme eft trop fort.

D. FERNAND.

Non, non, croyez qu'il faut apres fa perfidie
Qu'il laiffe à mon abord le iour, ou Philidie,
Il n'aura que le choix de vous, ou du trefpas.

ISABELLE.

Dieux! faites qu'on le treuue, & qu'il ne meure pas.

Fin du troifiefme Acte.

ACTE IV.

SCENE PREMIERE.

FEDERIC, PHILIDIE.

FEDERIC.

DOM Fernand & son frere à l'inſtant vont deſcendre,
ils n'ont qu'vn mot à dire.

PHILIDIE.

Il les faut donc attendre.
Tout preſſé que ie ſuis i'en vſerois trop mal,
Si ſans les ſalüer ie montois à cheual.

FEDERIC.

Vous eſtes bien monté, ne ſoyez point en peine,
Voſtre beſte eſt jolie, & mange bien l'aueine,
Elle galopera tantoſt comme vn lutin,
Elle a vuidé trois fois noſtre grand picotin,
Mais comblé iuſqu'au haut ; car, Monſieur, ie vous
jure,
Que ie n'ay pû iamais vendre à fauſſe meſure,
Si le profit m'eſt cher, le vol m'eſt odieux,
Ie vends bien quand ie puis, mais ie liure encor
mieux,
Ie ſuis homme de bien, de baſſeſſe incapable.

E iij

PLILIDIE.

L'excuſe eſt inutile à qui n'eſt point coupable,
Parlons de voſtre femme.

FEDERIC.

Allez, mon caualier,
Voſtre faute eſt legere, & ie veux l'oublier.

PHILIDIE.

La choſe ne va pas comme on vous fait entendre.

FEDERIC.

Quoy , du nom de galant vous voulez vous défen-
dre ?
Ie cajolois auſſi durant mes ieunes ans,
C'eſt le vice aujourd'huy des plus honneſtes gens,
I'en tenois ſi ma femme en euſt creu vos paroles.
Vous eſtes, ie le ſçay, du nombre des bons droles,
Ces yeux fins & brillans en ſont vn grand ſignal.

PHILIDIE.

Bon homme mon amy, vous me connoiſſez mal.

FEDERIC.

Lorſque i'ay voyagé, pour bannir ma triſteſſe,
I'ay voulu comme vous en conter à l'hoſteſſe.

PHILIDIE.

Il faut vous tout apprendre...

FEDERIC.

Il n'en eſt pas beſoin.

PHILIDIE.

Ie veux vous eſclaircir....

FEDERIC.

N'en prenez pas le ſoin.

PHILIDIE.

Souffrez auant partir que ie vous deſabuſe,
Me ſoupçonnez-vous pas ?

FEDERIC.

Non, non, ie vous excuſe.

PHILIDIE

Voftre femme....

FEDERIC.

Ah ! ceffons de parler fur ce point.

PHILIDIE.

Vous penferez....

FEDERIC.

Non, non, ie n'y penferay point.

PHILIDIE.

O Dieux ! vid-on iamais homme plus ridicule;
Mon maiftre, croyez moy, vous eftes trop credule.

FEDERIC.

Monfieur, à vos leçons ie pourrois donner foy,
Si vous auiez la barbe auffi grife que moy.

PHILIDIE.

L'impertinent vieillard !

FEDERIC.

I'ay de l'experience.

PHILIDIE.

Laiffez-moy dire enfin deux mots en patience.

FEDERIC.

Vous en direz, Monfieur, deux cens fi vous voulez.

PHILIDIE.

C'eft pour voftre profit.

FEDERIC.

Ah, ie me tays, parlez.

PHILIDIE.

Voftre femme de moy n'a receu nul outrage,
Sçachez.....

SCENE II.

L'HOSTESSE, FEDERIC, PHILIDIE.

L'HOSTESSE.

AVray-ie donc tout le foin du mefnage,
Ie me romps fans fecours & la tefte & les bras,
I'ay fait faire nos liccts , i'ay refferré les draps,
I'ay fait mettre de l'eau dedans noftre fonteine,
De balier par tout i'ay mefme pris la peine,
I'ay préparé le linge & mis le pot au feu,
N'auras-tu point le cœur de m'aider tant foit peu?

PHILIDIE.

Laiffez-le.

L'HOSTESSE.

Meflez-vous, Monfieur, de voftre affaire,
Fernand dans la cuifine entre auecque fon frere.

FEDERIC.

S'ils veulent boire, il faut que ie perce vn tonneau.

L'HOSTESSE.

Ne caufe donc pas tant auec cet eftourneau.

FEDERIC.

Si fa fortune eft baffe, elle a l'ame bien haute,
Déjeunerez vous pas, Monfieur, auec noftre hofte?

PHILIDIE.

Non, ie fuis trop preffé.

FEDERIC.

Le vin foûtient le cœur,
Déjeunez, croyez-moy.

L'HOSTESSE.

Tu retardes Monfieur.

PHILIDIE.

Vous parliez autrement hier en mefme occurrence.

L'HOSTESSE.

On connoit mal ces gens fur la feule apparence,
Vien voir fi Dom Fernand ne veut rien.

FEDERIC.

Le voicy.

SCENE III.

FEDERIC, L'HOSTESSE
D. FERNAND, ISABELLE,
PHILIDIE.

FEDERIC.

MEffieurs, vous plaift-il pas de déjeuner icy ?
L'HOSTESSE.

De mefme qu'à Lifbonne en ce logis on traitte.

FEDERIC.

On treuue en ma maifon tout ce qu'on y fouhaitte,
Defirez vous manger quelque langue de bœuf?
Vn potage garny, couuert de iaune d'œuf ?
Pafté froid de levraut, d'vn jambon quelque tranche?
Poulets en fricaffée auec la faulce blanche?
Pigeonneaux en ragoufts, ou ce qu'il vous plaira?
Meffieurs, dans vn moment on vous les feruira.

D. FERNAND.

Vne langue de bœuf peut feule nous fuffire.

L'HOSTESSE.

I'oubliay par malheur hier à la faire cuire.

D. FERNAND.

Vous nous donnerez donc le potage promis.

L'HOSTESSE.

Monſieur, le pot au feu ne vient que d'eſtre mis.

D. FERNAND.

Le paſté , le jambon.

L'HOSTESSE.

Ah, Monſieur, ie deteſte,
Louuet noſtre grand chien vient de manger le reſte.

D. FERNAND.

Donnez-nous des poulets, ou bien des pigeonneaux.

L'HOSTESSE.

Monſieur, noſtre voiſin en nourrit de fort beaux,
Iray-je en acheter ?

D. FERNAND.

Allez viſte, Madame.

FEDERIC.

Quant à du vin, Monſieur, i'en ay qui rauit l'ame,
I'ay du vin d'Alican dont on fait tant d'eſtat,
Et du vin de Madere, & du plus du delicat.

D. FERNAND.

I'aime fort ce dernier.

FEDERIC.

Il eſt encore trouble,
S'il n'eſt pris dans ſa boitte il ne vaut pas vn dou-
ble.

D. FERNAND.

Et celuy d'Alican?

FEDERIC.

C'eſt d'vn excellent vin,
I'en auray dans deux iours, il eſt ſur le chemin,
I'en ay d'autre auſſi bon, & ie vais tout à l'heure
Percer de mon celier la piece la meilleure.

SCENE IV.

ISABELLE, D. FERNAND, PHILIDIE.

D. FERNAND.

MOnsieur, certain auis qu'on vient de me don-
ner,
Sur les pas que j'ay faits m'oblige à retourner,
Et si vostre depart souffre qu'on le differe,
Apres auoir icy mis ordre à quelque affaire,
Nous partirons ensemble , & quand nous serons
deux,
Le bois à trauerser sera moins dangereux.

PHILIDIE.

Ié n'ay plus de pensée à vos desirs contraire.

D. FERNAND.

Agréez cependant l'entretien de mon frere.

PHILIDIE.

I'admire vos bontez, & mes ressentimens
Sont beaucoup au dessus de tous les compliments.

ISABELLE.

Auprés de vous, Monsieur, auec joye on démeure.

D. FERNAND.

Ie vous quitte à regret, & reuiens dans vne heure.

SCENE V.

ISABELLE, PHILIDIE.

ISABELLE.

GRace à vos bons deſtins, j'ay lieu d'eſtre rauy
Que mon frere ait l'honneur de vous auoir ſer-
uy,
Mais ie ne ſçaurois voir qu'auec vn peu d'enuie
Qu'il ait ſeul pû ſauuer vne ſi belle vie,
Ie ſens à vous ſeruir vne inclination
Qui feroit meſme effort en meſme occaſion.

PHILIDIE.

Vous m'honorez, Monſieur, autant comme il m'o-
blige,
Voſtre façon d'agir me confond & m'afflige,
Puis qu'apres vos bontez, & ſes ſoins genereux,
Ie ne puis m'acquitter à pas vn de vous deux,
Et que j'auray l'ennuy de voir mon impuiſſance
Meſler l'ingratitude à ma reconnoiſſance.

ISABELLE.

Pourray-je auoir l'honneur de ſçauoir en quels
lieux
La lumiere en naiſſant ſe fit voir à vos yeux?
Poſſible que j'auray l'honneur de vous connoiſtre,
Si c'eſt prés de Lisbonne où le Ciel m'a fait naiſtre.

PHILIDIE.

Lisbonne n'eſt pas loin des lieux où ie fus né,
C'eſt vn chaſteau voiſin, aux plaiſirs deſtiné,
De reuenu paſſable, & de ſtructure antique,
Mon pere y fait ſejour ſous le nom de Mancique.

ISABELLE,

ISABELLE.

Ie le connoy : le Ciel prolonge ses vieux ans,
Mais tout Lisbonne sçait qu'il n'eut iamais d'en-
    fans,
Et que dessus ce point il est inconsolable.

PHILIDIE bas.

Que respondray-ie ! helas, que ie suis miserable,
Si ie ne suis son fils, du moins il s'en faut peu,
Mon pere est son cadet, & ie suis son neueu.

ISABELLE.

Moins encor, son cadet n'a qu'vne seule fille,
Et sans auoir iamais frequenté sa famille,
Touchant ses interests ie n'ignore de rien,
I'en suis instruit de gens qui le connoissent bien,
La beauté de sa fille est beaucoup estimée,
Et ie le sçay du bruit qu'en fait la Renommée,
Si Lope est vostre pere, vn tel habillement,
Pourroit bien ce me semble estre vn desguise-
    ment.
Vostre beauté, vostre air, & cette honneste honte
Qui fait que la rougeur au visage vous monte,
Sans que vous disiez rien, me font connoistre assez
Qu'enfin vous n'estes pas ce que vous paroissez.
Cependant s'il vous reste assez de deffiance,
Pour craindre de me faire entiere confidence,
Ne vous contraignez point, mon desir curieux
Ne pretend nullement vous estre injurieux,
Ie perdray mon soupçon si peu qu'il vous offence,
Et croiray ce qu'enfin vous voudrez que ie pense.

PHILIDIE.

Helas ! pleust au destin, autheur de tous mes maux,
Que vostre iugement se pûst rencontrer faux.
Il est vray : la Fortune aueugle & rigoureuse,
A sçeu me rendre fille, & fille malheureuse,

F

Et ie vous croy d'vn cœur trop noble & trop
    discret,
Pour vouloir maintenant vous taire aucun secret.
Sous cet habit funeste, aux perils exposée,
Ie suis fille de Lope, en homme déguisée,
Qui prenant de l'Amour & ma regle, & ma loy,
Vay sur les pas d'vn guide aueugle autant que
    moy.
Ce Dieu dont la puissance est fatale aux Dieux
    mesmes,
Me forçant de me rendre à des graces extrêmes,
Se seruit des regards d'Alonce mon vainqueur,
Pour lancer tous ses feux iusqu'au fonds de mon
    cœur.

                ISABELLE.

Ie connoy sous ce nom vn homme dont l'adresse
Peut pretendre à charmer la plus fiere maistresse:
En quels lieux cet Alonce a-t'il reçeu le iour ?
C'est ma Riuale , ô Dieux ! sois moy propice,
        Amour !   bas.

                PHILIDIE.

De l'antique Maison des Gonsalues de Rome
La Nature a formé ce ieune Gentilhomme,
Et par quelque interest qui ne m'est pas connu,
Son pere d'Italie à Lisbonne est venu.

                ISABELLE.

C'est luy que ie connoy, c'est vn homme admira-
    ble,
Dont le merite est rare, & la personne aimable,
Ie m'asseure qu'il aime autant qu'il est aimé,
Par de si doux appas il doit estre charmé.
Sa passion sans doute est pour vous sans mesure,
Sa flame à vostre ardeur respond auec vsure,
Enfin il vous adore, il n'en faut point douter,

PHILIDIE.

Monſieur, de point en point ie vay tout vous
   conter.
Nos peres ſe trouuans en bonne intelligence,
Sembloient vouloir d'abord s'vnir par alliance,
Et ſuiuant leurs deſirs, nos inclinations
Formerent dans nos cœurs d'égales paſſions;
L'vn & l'autre touché d'vne commune eſtime,
Void croiſtre auec plaiſir cette amour legitime,
Alonce à m'eſpouſer bornoit tout ſon deſſein,
Et i'en eus ſa promeſſe eſcrite de ſa main.

ISABELLE.

Que luy permiſtes vous : en qualité de femme,
Cedaſtes vous enfin, aux deſirs de ſa flame ?
Le perfide! l'ingrat!quel malheur eſt le mien ! *bas.*

PHILIDIE.

Ie vous eſtime trop pour vous déguiſer rien,
Nous penſions lors gouſter auec pleine aſſeurance
Les charmes de l'Amour, & ceux de l'eſperance ;
Mais comme on void ſouuent , que du ſoir au ma-
   tin
L'infortune ſuccede au plus heureux deſtin,
Les Roſes dont le ſort ne nous fit voir que l'ombre,
Deuinrent tout à coup des eſpines ſans nombre.
Vn malheur impréueu par quelques differens,
Deſtruiſit l'amitié qui joignoit nos parens,
Lors que de nos deux cœurs l'vnion peu commune
Ne ſe pouuoit plus rompre au gré de la fortune.
Mon pere eſtant deſia de mes feux aduerty,
M'ordonna de pretendre à quelqu'autre party,
Et de cette rigueur me voyant toute eſmeuë,
D'Alonce pour iamais me defendit la veuë.
Ie le vis toutesfois, & dans vn tel malheur
Il me parut touché d'vne extrême douleur;

Et fi toft qu'à l'entendre il me vid preparée,
Il me dit que fon ame eftoit defefperée,
Qu'vn pouuoir trop injufte à nos vœux s'oppofoit,
Et qu'il falloit rauir ce qu'on nous refufoit,
Helas! par ce difcours ie me trouuay feduite.

ISABELLE.

Et qu'en arriua-t'il?

PHILIDIE.

Efcoutez-en la fuitte.
Dans mon cœur interdit, l'Amour en ce moment
Ioignit à tous fes feux tout fon aueuglement,
Ma pudeur fut vaincuë auffi toft qu'attaquée,
Le rendez-vous fut pris, & l'heure en fut marquée;
Enfin mon cœur au charme eftoit abandonné,
Quand ie vis arriuer le moment affigné.

ISABELLE.

Hé bien, de voftre amant rempliftes vous l'attente?
Se trouua-t'il heureux, & fuftes-vous contente?

PHILIDIE.

Helas!

ISABELLE.

L'éuenement fut-il felon vos vœux?
Rien ne trauerfa-t'il vos deffeins amoureux?
Comment furent paffez ces moments pleins de
charmes?
Dans toutes vos douceurs n'euftes vous point d'a-
larmes?
Sçeuftes vous mefnager le temps, l'occafion?
A quoy fe termina voftre affignation?

PHILIDIE.

A me laiffer le nom de fille infortunée,
Qui pour mourir d'ennüy femble auoir efté née,
I'attendois mon Amant, quãd mon pere fans bruit,
Par vn foupçon fatal fur mes pas fut conduit;

Ie le pris pour Alonce , & ma voix indiscrete
Découurit deuant luy ma passion secrete,
Sa fureur fut extrême , & mon estonnement
Me conseilla la fuitte, & ce desguisement,
Et pour dans ce dessein m'engager dauantage,
I'appris hier au matin qu'Alonce estoit volage,
Et que desia par tout le bruit estoit porté
Qu'il venoit d'enleuer vne ieune Beauté.

ISABELLE.

Auez-vous sçeu son nom ?

PHILIDIE.

On la nomme Isabelle.

ISABELLE.

Ie connoy cette fille, on la tient assez belle,
Mais ce choix vous fait tort, vous auez des appas
Que dans vostre Riuale on ne rencontre pas.

PHILIDIE.

Fust-elle des Beautez la diuinité mesme,
Ie la veux immoler à mon dépit extrême,
Eust-elle sans dessein trauersé mon amour,
I'ay perdu mon Amant, elle en perdra le iour,
Qu'elle ignore l'estat où l'ingrat m'a laissée,
N'importe, elle sçaura que ie suis offencée ;
Il faut que ma vengeance, au gré de ma fureur,
Arrache auec le fer Alonce de son cœur.
Mais sans l'heureux secours de vostre illustre
    frere,
Mon dessein rencontroit vn succez bien con-
    traire.
Ma Riuale n'auoit plus rien à redouter,
Et ie trouuois la mort que ie luy vay porter,
Mais enfin de ce fer il faudra qu'elle meure.

ISABELLE.

A qui porte la mort, souuent la mort demeure,

Isabelle est à craindre auecque son amour,
Sans doute elle aime Alonce,& ne hait pas le iour,
Sa mort ne doit pas estre vne entreprise aisée ;
Vostre espoir pourroit bien vous auoir abusée ;
Et malgré vos efforts peut-estre que son cœur
Vous fera partager son peril & sa peur.

PHILIDIE.   (place,
Pleust aux Dieux qu'elle fust dans cette mesme
Vous verriez les effets répondre à la menace.

ISABELLE.
Elle y pourroit bien estre, & ne pas s'alarmer.

PHILIDIE.
Comment?

ISABELLE.
Suis-ie obligé de vous en informer?

PHILIDIE.
Apres des compliments pleins d'vn zele si rare,
Ie treuue en ces discours vn changement bizarre ;
Vous ayant confié ce que i'ay de plus cher,
I'ay dû vous attendrir, & non pas vous fascher ;
Ayant de mon estime vne preuue si claire,
Me refuseriez-vous l'amitié que i'espere ?

ISABELLE.
Si vous m'auez tout dit, ie n'en feray pas moins.
Sçachez qu'à vous troubler ie mettray tous mes
    soins,
Et que i'auray pour vous vne haine immortelle,
Tandis que vous serez Riuale d'Isabelle.

PHILIDIE.
D'Isabelle ! comment ? quoy, vous la connoissez ?

ISABELLE.
Ouy, ouy, ie la connois plus que vous ne pensez,
L'amitié qui nous lie est d'vne force extréme,
On ne peut l'outrager sás m'outrager moy-mesme,

Et deuant l'attaquer ie veux vous aduertir
Que mon bras de vos coups la sçaura garantir.

PHILIDIE.

Quoy, vous me menacez & conspirez ma perte,
Vous à qui librement ie me suis descouuerte?
Ie n'attendois rien moins que ce couroux ardent.

ISABELLE.

Vous auez pris sans doute vn mauuais confident,
Et dont l'inimitié vous doit estre estre fatale,
Tant que vous pretendrez nuire à vostre Riuale.

PHILIDIE.

Malgré vous, Isabelle, & tous mes ennemis,
Mon cœur ne démord point de ce qu'il s'est pro-
   mis,
Il faut qu'absolument Alonce me demeure,
Ou bien il faut du moins que ma Riuale meure.

ISABELLE.

Ne vous emportez point, il faudra malgré vous,
Ou qu'Isabelle obtienne Alonce pour espoux,
Ou que si cet ingrat répond à vostre enuie,
Son choix vous soit funeste & vous couste la vie.

SCENE VI.

D. FERNAND, PHILIDIE, ISABELLE.

D. FERNAND.

MOn frere, qu'auez-vous qui vous cause en
  ces lieux
Cette rougeur au teint, & ce feu dans les yeux?

ISABELLE.

Des discours outrageux qui vous doiuét surprédre.

PHILIDIE.

Dequoy vous plaignez-vous?

ISABELLE.
     Vous luy pouuez apprendre;
Si ie restois encore en ces lieux vn moment,
Possible ie ferois trop d'éclaircissement.

SCENE VII.

D. FERNAND, PHILIDIE.

D. FERNAND.

DAns vn couroux sanglant mon frere se retire,
  Vous l'auez offencé?

PHILIDIE.
     Ie ne sçaurois qu'en dire.

D. FERNAND.
Dequoy luy parliez-vous attendant mon retour?

PHILIDIE.

Mes difcours precedents n'ont efté que d'amour.

D. FERNAND.

D'amour ! il fçait fon fexe , ô fatale auanture !

PHILIDIE.

Luy découurir mon cœur , eft-ce luy faire injure ?

D. FERNAND.

De tels adueux parfois choquent au dernier point.

PHILIDIE.

I'ay bien fait plus encor.

D. FERNAND.

Quoy ? ne le celez point.

PHILIDIE.

I'ay fçeu luy declarer mon nom & ma famille,
Et luy dire qu'enfin....

D. FERNAND.

Acheuez.

PHILIDIE.

Ie fuis fille.

D. FERNAND.

Fille ! que dites-vous ? eft-il poffible, ô Dieux !
Quoy , j'aurois pû fauuer vn chef-d'œuure des
    Cieux ?
Quoy, ie pourrois auoir le bon-heur & la joye
D'ofter à ves voleurs vne fi belle proye ?
Vous,fille ? eft-il bien vray ? mais pour n'en douter
    pas
Ie n'ay qu'à confulter ce teint doux , ces appas,
Ce recueil de beautez dont l'éclat eft extrême,
M'en affeure biē mieux que voftre bouche mefme.
Alors que dans le bois ie vous vis attaquer,
Vn puiffant mouuement qu'on ne peut expliquer,
M'infpirant tout à coup vne ardeur peu commune,
Me fit auec plaifir courir voftre fortune.

Et lors que des voleurs dont vous couriez danger,
Le Ciel ou mon secours eut sçeu vous dégager,
Sur vostre beau visage ayant porté la veuë,
Mon cœur fut interdit, mon ame fut émeuë,
Et sentit le pouuoir en ses émotions,
De l'Astre qui préside aux inclinations.
Mais ie m'aperçoy bien que cette sympathie
S'est insensiblement en amour conuertie,
Ouy, charmé de l'éclat qui sort de vos beaux yeux,
I'ay le mesme respect pour vous que pour les
        Dieux,
Et ce respect profond est meslé d'vne flame
Qui fait naistre desia des langueurs dans mon
        ame,
Et si de quelque espoir vous honoriez mes feux,
Ie croirois faire enuie aux Rois les plus heureux.

PHILIDIE.

Helas!

D. FERNAND.
        Par cet helas que me voulez-vous dire?

PHILIDIE.
On dit tousiours qu'on aime alors que l'on soûpire.

D. FERNAND.
Quel bon-heur si ma flame a pû vous émouuoir!
Me pourriez-vous aimer?

PHILIDIE.
                Ie voudrois le pouuoir.
Mais l'Amour pour iamais en d'autres nœuds m'en-
        gage,
Par vn arrest du sort j'aime vn Amant volage.
Ie sçay vostre merite & ce que ie vous doy,
Mon cœur seroit à vous, s'il pouuoit estre à moy,
Et quand pour vn ingrat ma passion éclate,
Pour mon liberateur i'ay honte d'estre ingrate.

D. FERNAND.

Helas, qui peut iamais ſous l'amoureuſe loy
Se plaindre de ſon ſort plus iuſtement que moy?
Quoy, vous préferez donc, ô miracle des Belles,
Les froideurs d'vn volage à mes ardeurs fidelles?
Et la plus forte amour auec trop de rigueur,
Perd ſa gloire & ſon prix en naiſſât dás mon cœur?
Quel eſpoir peut flatter, ô beauté ſans égale,
Vne ame qui iamais ne ſera déloyale?
Vn cœur qui doit garder ſes feux iuſqu'au trépas?
S'il faut que l'inconſtance ait pour vous des appas,
Sans accuſer iamais vos rigueurs obſtinées,
Ie veux vous adorer, ce ſont vos deſtinées,
Les Aſtres ont marqué mon amour dans les Cieux,
Ou pluſtoſt mon amour eſt marqué dans vos yeux,
Et ie n'oppoſerois qu'vn effort ridicule
A ces Aſtres brillants qui veulent que ie brûle :
Ouy, ie veux vous aimer auecque vos rigueurs,
Ie veux cherir ma flame, & nourrir mes langueurs,
Et ie ne puis, malgré voſtre ame impitoyable,
Ceſſer d'eſtre amoureux, comme vous d'eſtre aima-
          ble.

PHILIDIE.

Ie deurois vous aimer, ie le reconnoy bien,
Mais où l'Amour peut tout, le deuoir ne peut rien.
Ie ſens de ma raiſon les forces enchaînées,
I'aime vn volage Amant, ce ſont mes deſtinées;
Il eſt aimable encor, bien qu'il ſoit ſcelerat,
Ie hay l'ingratitude, & j'adore l'ingrat, .
Et vous partagerez, s'il faut que ie m'exprime,
Luy, toute mon amour ; vous, toute mon eſtime.

D. FERNAND.

Sçauray-je point quel eſt cet autheur de mon mal,
Qui ſans auoir d'amour, eſt pourtant mon Riual?

Et n'aprendray-je point pour quel sujet mon frere,
A tous vos sentiments s'est montré si contraire?

PHILIDIE.

Ce n'est pas vn secret que ie vueille celer,
Mais vueillez m'épargner la honte d'en parler,
Vous sçauez vne part de mon destin funeste,
Allez voir vostre frere, il vous dira le reste,
Possible pourrez-vous, apprenant mes malheurs,
Vous resoudre à porter vos passions ailleurs;
Ne pouuant y répondre, & vous rendre justice,
Ie feray des souhaits que vostre amour finisse.

D. FERNAND.

Mon amour & ma vie auront vn mesme sort,
Et former ces souhaits, c'est souhaiter ma mort.

Fin du quatriéme Acte.

ACTE

ACTE V.

SCENE PREMIERE.

D. FERNAND, ISABELLE.

D. FERNAND.

Cachez que l'on m'outrage en choquant mon amour,
Vous auez bien aimé, ma sœur, i'aime à mon tour,
Et si nous differons, c'est qu'en cette auanture
I'aime vn objet constant, vous vn Amant parjure.
Ne vous obstinez point à faire vn vain effort
Contre vne amour qui semble estre vn arrest du Sort,
Il faut qu'à la flatter vostre esprit s'estudie,
Et que comme vne sœur vous aimiez Philidie.

ISABELLE.

Moy, l'aimer ! ah plustost me puissiez vous haïr,
Mon cœur jusques à ce point ne sçauroit se trahir,
Moy ie voudrois aimer qui veut m'oster la vie ?
M'arriue le trépas plustost que cette enuie.

D. FERNAND.

Ne portez pas si loin vos sentimens ialoux,
Le bon-heur où ie tends, doit refléchir sur vous,

G

Ma flame à voſtre amour ne ſera point fatale,
Quand ie ſeray content, vous ſerez ſans Riüale;
Et ie pretends forcer voſtre haine à finir,
Si l'hymen auec elle me peut vn iour vnir.

ISABELLE.

Plaiſe au Ciel qu'à vos ſoins ma Riüale ſe rende,
Et que ie ſois trompée en ce que i'aprehende.

D. FERNAND.

La voicy, demeurez.

ISABELLE.

Vn tiers choque vn Amant.

D. FERNAND.

Sur ce qui s'eſt paſſé, faites-luy compliment.

ISABELLE.

Pour m'excuſer ſi toſt i'ay l'ame trop ſenſible.

D. FERNAND.

Mais il faut vous forcer.

ISABELLE.

Mais il eſt impoſſible.

SCENE II.

PHILIDIE, D. FERNAND.

PHILIDIE.

MOnſieur, le temps me preſſe, il eſt deſia bien
tard,
Et ie viens vous prier de ſonger au depart.

D. FERNAND.

Par tout où ie ſeray, ſans vſer de priere,
Vous deuez commander auec puiſſance entiere,
Partons puis qu'il vous plaiſt dans ce meſme mo-
ment,

Mais si i'ose vous dire encor mon sentiment,
Vous estes ce me semble injuste autant que
  belle,
De suiure qui vous fuit, d'aimer vn infidelle,
D'exposer aux perils qui menent au tombeau
Tout ce que la nature a formé de plus beau,
Et de commettre enfin à toutes les disgraces
Des tresors infinis, les Amours, & les Graces.
Helas ! si plus sensible à mes feux vehemens,
Vous m'auiez témoigné les moindres sentimens,
Mon ame également & charmée & rauie,
Tiendroit vostre bonté plus chere que ma vie,
Et n'adorant plus rien que l'éclat de vos yeux,
Receuroit vos faueurs comme celles des Dieux.

PHILIDIE.

Mais le vouloir des Dieux autrement en or-
  donne,
Vn cœur ne peut choisir qu'à l'instant qu'il se
  donne,
Et dés qu'il a suby ce funeste accident,
Il ne se regle plus, il suit son ascendant.
Ie sens que ie m'égare en suiuant vn perfide,
L'Amour qui me conduit, fut tousiours mauuais
  guide,
Ie neglige mon sexe, & mon ressentiment,
Pour les considerer, i'ay trop d'aueuglement,
Vn ingrat me captiue, & i'abhorre ma chaîne,
Mais ne la pouuant rompre, il faut qu'elle m'en-
  traîne.

D. FERNAND.

Puisqu'à vous arrester mes vœux sont superflus,
Partez, vous le voulez, ie n'y contredits plus,
Mais si vous souhaitez encore que ie viue,
Par tout où vous irez, souffrez que ie vous suiue,

PHILIDIE.

J'ay regret que vos feux ne puissent m'émouuoir,
Mais quoy, qu'esperez-vous ?

D. FERNAND.

Vous aimer & vous voir,
Possible pourrez-vous par le temps, mieux instruite,
Aimer qui vous adore, & laisser qui vous quitte.

PHILIDIE.

Peut-estre aussi qu'Alonce, à ma veuë attendry,
Ne méprisera pas l'objet qu'il a chery,
Et ie ne puis penser qu'en vn iour il oublie
Vne image en trois ans dans son ame establie.
Les maux inueterez, & les vieilles amours
Ne finissent iamais qu'en terminant nos iours,
Et ie sens dans mon cœur, quoy qu'Alonce ait pû
    faire,
Vn instinct qui l'excuse, & qui veut que i'espere,
Mais quand il faut partir il sied mal de parler,
Quiconque suit l'Amour, doit comme luy voler.

D. FERNAND.

Ouy, partons, & souffrez que...

PHILIDIE.

Voicy vostre frere,
Voyez comme ses yeux m'expriment sa colere :
Il médite ma perte, & ie le sçay fort bien.

D. FERNAND.

Non, non, ie vous promets qu'il ne vous fera
    rien.

SCENE III.

ISABELLE, PHILIDIE, D. FERNAND.

ISABELLE.

MOn frere, fans tefmoins i'ay deux mots à
vous dire.

D. FERNAND.

Parlez.

ISABELLE.

Qu'auparauant, Madame fe retire,
La chofe eft d'importance, & doit fe dire à part.

PHILIDIE.

Apprenez ce que c'eft, ie me tire à l'efcart.

ISABELLE.

Alonce eft arriué dans cette hoftellerie.

D. FERNAND.

Dieux !

ISABELLE.

Il faut luy parler promptement, ie vous prie,
Et faire reüffir noftre commun efpoir,
Auant que Philidie ait le temps de le voir.

D. FERNAND.

Ie fuiuray voftre adüis, ayant pris congé d'elle,
Madame, auec regret i'aprends vne nouuelle,
Qui m'arrefte en ces lieux pour vn quart d'heure
au plus,
De ces retardemens i'ay lieu d'eftre confus,
Mais vous deuez penfer, alors que ie vous quitte,
Qu'vn intereft bien grand auffi m'en follicite.

PHILIDIE.

I'attendray volontiers voftre commodité.

G iij

D. FERNAND.

Ie reuiens fur mes pas.

ISABELLE.

Allons de ce cofté.

SCENE IV.

ALONCE, PHILIPIN, PHILIDIE.

PHILIDIE.

QVe vois-ie, c'eft Alonce ? ô rencontre impré-
ueuë !
Reprenons nos efprits troublez par cette veuë.

PHILIPIN.

Ma foy l'on dit bien vray, qu'où refide l'Amour,
La Raifon volontiers ne fait pas fon fejour,
Et qu'où l'on voit regner cette ardeur infenfée,
Le cerueau n'eft pas fain quád l'ame en eft bleffée,
Retourner à Lisbonne en eftant hier party,
Que dira Dom Bernard en eftant aduerty ?
C'eft prendre cóme il faut le chemin de la Flandre,
Nous allons fort bon train : l'on n'a qu'à nous at-
tendre,
Noftre argent va fauter, nous ferons esbahis
Que vous nous ferez voir dans peu bien du pays,
Et que bien toft....

ALONCE.

Tay-toy, ie hay ta raillerie.
Quand mon retour mettroit mon vieux pere en
furie,
Ma fortune en defordre, & ma vie en danger,
C'eft vn deffein formé, que ie ne puis changer,

Ie ne puis viure vn iour éloigné d'Isabelle,
Ie sçay bien que ie suis l'horreur de cette belle,
Ie veux luy témoigner quel regret ie conçoy
De l'auoir obligée à douter de ma foy.
Helas, si cette belle, indignement traittée,
Sçachant mon repentir, cessoit d'estre irritée,
Que ie quitterois bien ces inclinations
Qui me font en tous lieux prendre des passions,
I'en veux faire serment, Philipin, & ie jure...

PHILIPIN.

Que vous n'en ferez rien, de peur d'estre parjure,
Ie veux estre berné si vous passez vn iour
Sans reuoir Philidie apres vostre retour,
Vous sçauez qu'il importe à qui vit dans le monde,
De sçauoir cajoler & la brune & la blonde,
Et qu'enfin dans la Cour vous fustes esleué,
Où, qui dit vn galand, dit vn fourbe acheué.

ALONCE.

Ie veux absolument pour deuenir fidelle,
Rompre auec Philidie, & n'aimer qu'Isabelle.

PHILIDIE.

Il parle auec chaleur, il le faut écouter.

ALONCE.

Ouy, contre Philidie il se faut reuolter,
Estouffe, estouffe, Alonce, vne flame si noire,
Banis-la de ton cœur, mesme de ta memoire,
Songe en la cajolant à quoy tu te commets,
Euite sa presence, & n'y pense jamais,
Tu ne la peux aimer, sans trop de perfidie,
Meurs plutost mille fois que de voir Philidie.

PHILIDIE.

Que de voir Philidie?

PHILIPIN.

O Dieux, qu'il est surpris!

PHILIDIE.

Continuë, infidelle, acheue tes mépris.

ALONCE.

Mon pere là deffus n'en dit pas dauantage,
En fuitte il me donna l'ordre de mon voyage,
M'éjoignit de n'y mettre au plus que quinze mois,
Et puis il m'embraffa pour la derniere fois.

PHILIDIE.

Quoy, ce n'eft qu'vn recit des difcours de ton pere.

ALONCE.

En pouuez-vous douter, vous qui m'eftes fi chere,
Ce fut à mon depart fon dernier entretien,
C'eft dequoy ie parlois, Philipin le fçait bien.

PHILIPIN.

Ouy, Madame, ha, ma foy, la colle eft rauiffante,
Ah, que mõ maiftre eft fourbe!& la belle, innocéte!

PHILIDIE.

Ie ne puis diffiper mes foupçons là deffus.

ALONCE.

Auec trop de rigueur vous les auez conceus,
Quoy, fur vne parole à contrefens tournée,
Vous doutez de ma foy, vous l'auez foupçonnée?
Ne dois-je pas me plaindre, auez-vous remarqué
Qu'en ces termes iamais ie me fois expliqué?
Mes difcours precedens, mes actions paffées
Peuuent-ils confirmer ces injuftes penfées?
Que ces cruels foupçons foient enfin rejettez,
Ils font tort à ma flame, ainfi qu'à vos beautez,
Pour me voir engager dans vne amour-nouuelle,
Mõ ame eft trop charmée, & vous eftes trop belle.

PHILIDIE.

Mais ie pourrois douter de voftre paffion,
Quand vous n'auriez manqué qu'à l'affignation,
C'eft de voftre froideur vn affez grand indice.

ALONCE.

Cette autre plainte encore est vne autre injustice,
Si ie ne m'y trouuay, que la foudre des cieux
Tombe dessus ma teste, & m'écrase à vos yeux.
Mais ne vous trouuant point, & vous croyant le-
    gere,
Ie ne resistay plus aux ordres de mon pere,
Et plein de desespoir, enfin ie suis party,
Philipin le peut dire.

PHILIPIN.

Ouy, qu'Alonce a menty.

PHILIDIE.

Cher Alonce, il suffit, ma crainte est dissipée,
Tu n'es point infidelle, & ie suis détrompée,
Tu me dois pardonner ce grand emportement,
Iuge de mon amour par mon déguisement,
Connoy, connoy qu'au point où pour toy ie
    m'engage,
Ie t'aimerois encor quand tu serois volage,
Et qu'apres mon depart, ma crainte, & ma douleur,
En changeant mon habit, n'ont point changé
    mon cœur,
Mais bien que ton amour paroisse fort ardante,
L'image d'Isabelle encore m'épouuante.
I'ay tousiours des soupçons que j'ay peine à chasser,
Ma passion est tendre, & tout la peut blesser.

ALONCE.

Ie l'aimois, il est vray, mais vostre amour extrême
Me fait voir que c'est vous que seule il faut que
    j'aime.

SCENE V.

L'HOSTESSE, ISABELLE, DOM FERNAND, ALONCE, PHILIDIE, PHILIPIN.

L'HOSTESSE.

C'Eſt icy que tantoſt j'ay crû le voir entrer.

ISABELLE.

Quel malheur!

D. FERNAND.

Eſcoutons auant que nous montrer.

ALONCE.

Ouy, ie veux pour jamais oublier Iſabelle,
Vous eſtes plus aimable , & vous aimez plus
    qu'elle,
Nous viurons & mourrons ſous vne meſme loy,
Donnez-moy voſtre main, & receuez ma foy.

ISABELLE.

Il faut auparauant qu'Iſabelle periſſe.

PHILIPIN.

Ah, voicy bien le diable !

PHILIDIE.

O Dieux, quelle injuſtice!

D. FERNAND.

Il faut mourir, Alonce, ou l'épouſer icy.

PHILIDIE.

On ne l'attaque point ſans m'attaquer auſſi.

ISABELLE.

I'accepte le party, vuidons noſtre querelle,
Vous eſtes ma Riuale, & ie ſuis Iſabelle.

PHILIDIE.

Isabelle ! ah, ce nom vous couſtera le iour,
Il faut que voſtre mort termine noſtre amour.

ISABELLE.

Nous verrons.

D. FERNAND.

Quoy, ma ſœur, que pretendez-vous faire ?
Soyez moins violente, ou craignez ma colere.

ALONCE.

Arreſtez, & tournez vos armes contre moy,
Perdez vn impoſteur qui vous manque de foy,
Expiez par ma mort mes trahiſons paſſées,
Ie ſuis trop criminel, & vous trop offencées,
Vengez-vous, auſſi bien Alonce, malheureux,
Quoy qu'il vous ait promis, n'é peut épouſer deux.

PHILIDIE.

Tu m'as donné ta foy, connoy cette promeſſe,
C'eſt de toy qu'elle vient, parle.

ALONCE.

Ie le confeſſe,
Mais ie ne la puis ſuiure : ô Dieux ! quelle rigueur,
I'ay trop d'vne maiſtreſſe, & i'ay trop peu d'vn
cœur.

ISABELLE.

Tu vois dans cet eſcrit ta promeſſe, infidelle,
Signée auec ton ſang.

ALONCE.

Ouy, ma chere Iſabelle ;
Frappez, & pour punir mon infidelité,
Attaquez-vous au ſang qui m'eſt encor reſté.

ISABELLE.

Réponds à mon amour.

PHILIDIE.

Réponds à ma conſtance.

D. FERNAND.

Songe à faire vn bon choix, sur tout crains ma vengeance.

SCENE DERNIERE.

FEDERIC, L'HOSTESSE, PHILIDIE, ISABELLE, ALONCE, DOM FERNAND, PHILIPIN.

FEDERIC.

A Quoy t'amuses-tu, le monde est-il seruy ?

L'HOSTESSE.

Escoute ie te prie, & tu feras rauy.

ALONCE.

Ie dois rendre en mon choix l'vne ou l'autre ou-
tragée,
Ie puis rendre en ma mort l'vne & l'autre vangée,
Ie sçay que toutes deux ont droit de m'épouser,
Mais qui dois-je choisir, qui puis-je refuser,
Il faut qu'vne des deux souffre que ie l'affronte,
L'honneur d'vne à couuert, couure l'autre de
honte,
Ie choisis donc la mort : suiuez vostre couroux,
Si ie ne vis, au moins que ie meure pour vous.

D. FERNAND.

Hé bien, lasche, ma main s'accorde à ton enuie,
Tu n'en auras pas vne, & tu perdras la vie.
Meurs.

ISABELLE.

Suspendez vos coups, tout perfide qu'il est,
l'immole à son salut mon plus cher interest,

Qu'il

Qu'il viue, cet ingrat, ie cede à ma Riuale
Cet infidelle Amant, cette ame defloyale,
Et dont pourtant la perte à mon cœur plain d'a-
    mour
Ne couftera pas moins que la perte du iour.

        D. FERNAND.

Ce difcours ne rend pas ma colere moins forte,
Vous nous perdez, ma fœur.

        ISABELLE.

          Il n'importe, il n'importe,
Ie perirois du coup qui le feroit perir,
Qu'il viue pour vne autre, en deuffay-ie mourir.
Ie crains plus de le voir, malgré fa perfidie,
Dans les bras de la mort, qu'en ceux de Philidie,
Et mourant de regret, ie ne me plaindray pas,
S'il fonge qu'il déura fa vie à mon trépas.

        ALONCE.

A ces marques d'amour ie connois ma Maiftreffe,
C'eft à vous, Ifabelle, à qui mon choix s'adreffe,
Vous me cedez en vain, ie ne le puis fouffrir,
Si ie ne vis pour vous, ie ne veux que mourir.

        PHILIDIE.

Alonce, cet adueu ne m'eft pas grande injure,
On ne perd pas beaucoup quand on perd vn par-
    jure,
Ma Riuale te cede, & ie fais vanité
De ne luy pas ceder en generofité ;
Si tu n'eftois touché d'vne bonté fi rare,
Ie conceurois horreur de la foy d'vn barbare,
I'en fuis mefme attendrie, & changeant mon
    amour,
Comme elle t'a cedé, ie te cede à mon tour,
Ie veux rendre iuftice au frere d'Ifabelle,
Et deuenir fenfible autant qu'il eft fideile.

                  H

D. FERNAND.

Pourrois-ie bien vous croire , & ne point me
    flatter ?

PHILIDIE.

Vn hymen fait au ciel ne fe peut éuiter,
Vn cœur de qui defia mon falut eft l'ouurage,
M'eft bien plus precieux que celuy d'vn volage,
Ie fçay que nos parens ne nous dédiront point.

D. FERNAND.

Ma joye & mon amour vont iufqu'au dernier
    point,
Alonce, ie refponds de l'adueu de mon pere,
Ie vous donne ma fœur, & deuiens voftre frere.

ALONCE.

O Dieux , dans le tranfport dont ie me fens
    faifir,
I'ay bien à craindre encor fi l'on meurt de plaifir.

L'HOSTESSE.

Quoy, deffous ces habits vous n'eftes donc pas
    hommes ?
Que l'apparence trompe en ce fiecle où nous fom-
    mes !

FEDERIC.

I'en perds ma jaloufie , & i'en rends grace aux
    Dieux,
Du fexe qu'elles font, ie les aime bien mieux.

L'HOSTESSE.

Ne les aime pas tant.

FEDERIC.

           Ma foy,ma chere efpoufe,
Ie penfe qu'à ton tour tu deuiendras jaloufe.

PHILIPIN.

La fin couronne l'œuure, il ne faut oublier
Qu'Elize & Philipin font d'aage à marier,

Nous deuons eftre vnis auffi bien que vous autres,

Nous ferons des enfans qui feruiront les voftres.

ISABELLE.

Ie te promets Elife.

ALONCE.

Et moy fix cens efcus.

PHILIPIN.

Hazard d'eftre à ce prix au nombre des cocus.

FEDERIC.

Meffieurs, tout ira bien, mais il faut ce me femble,

Pour eftre bien d'accord que vous beuuiez enfemble,

Va donner ordre aux mets.

L'HOSTESSE.

Toy, va tirer du vin.

D. FERNAND.

De Lisbonne aujourd'huy reprenons le chemin,

C'eft là qu'Hymen apres des peines fans efga-
les,

Doit faire heureufement deux fœurs de deux Ri-
uales.

PHLIPIN *feul.*

Quel caprice eft égal à celuy du Deftin,

Ma foy les plus fçauans y perdent leur latin,

La vie eft vne farce, & le monde vn theatre,

Où ce galand préfide, & fait le diable à quatre,

Sur tout, vn tel fuccez me femble peu commun,

Hier ie feruois vn maiftre, auiourd'huy i'en
fuis vn,

Hier i'eftois en malheur, auiourd'huy dans la
chance,

Hier ie perdois Elife, aujourd'huy ie fiance,

Hier i'attendois des maux, aujourd'huy force
    biens,
Hier ie quittois Lisbonne, aujourd'huy i'y reuiens;
Tout change enfin, Meſſieurs, & pour derniere
    preuue,
Hier vous n'eſtiez pas là, ce iour on vous y treuue,
Ie vay changer d'habit, ie ſuis voſtre valet,
Bon ſoir, vous me voyez au bout de mon rôllet.

Fin du cinquiéme & dernier Acte.

www.ingramcontent.com/pod-product-compliance
Lightning Source LLC
LaVergne TN
LVHW050645090426
835512LV00007B/1049